GERHARD BUCHNER

# LIEDER VON FREIHEIT UND FRIEDEN

## Mit Grifftabelle für Gitarre und Gitarrenanleitung

Schneider-Buch

Schneider-Buch


München - Wien - Zürich - Hollywood/Fla. USA
Herausgeber und musikalische Bearbeitung Gerhard Buchner
Umschlaggestaltung Dieter Mettelsiefen
Illustration Werner Heymann
Notengrafik Satz + Grafik, Planegg
ISBN 3 505 08989 3
Bestellnummer 8989

# Vorwort

Zeitbezogen und zugleich zeitlos sind die in diesem Buch gesammelten Lieder. Zeitbezogen, weil sie jeweils unter dem Eindruck einer aktuellen Bedrohung entstanden sind, zeitlos, weil ihnen die ewige Sehnsucht der Menschen nach Frieden, Freiheit und sozialer Gerechtigkeit gemeinsam ist. Im Grunde geht es immer wieder um den Kampf gegen unmenschliche Bedingungen, gegen Unterdrückung jeglicher Art und letztlich um ein menschenwürdiges Dasein.

Besonders breiten Raum nehmen natürlich die Lieder aus diesem Jahrhundert ein. Vertreten sind aber auch die wichtigsten Texte und Melodien aus früherer Zeit, die auch heute gern gesungen werden: z.B. aus den Bauernkriegen (1524/25), der Französischen Revolution (1789) und der Arbeiterbewegung im 19. Jahrhundert; ferner Gesänge der Negersklaven in Nordamerika.

So bietet dieses Buch eine *sorgfältige Auswahl* der besten Lieder aus fünf Jahrhunderten, die zum *aktiven Singen* und Nachdenken anregen und auffordern.

Überwiegend sind Noten mit Symbolen für Begleitakkorde – vor allem für Gitarre – beigefügt. Im Anhang werden alle vorkommenden Gitarrengriffe in einer Tabelle erklärt, ebenso findet sich dort eine Anleitung für Rhythmusgitarre. Einige Texte sind ohne Noten abgedruckt, unter anderem deshalb, weil es (noch) keine Melodien dafür gibt oder diese besonders schwer nachzusingen wären. Doch sollten diese Verse hier nicht fehlen, da sie eine große Aussagekraft besitzen und, gesprochen oder nur still für sich gelesen, einprägsam wirken. Neben anonymen Verfassern aus dem Volk sind bekannte Dichter vertreten.

Zu allen Zeiten haben sich Schriftsteller mit Gedanken des Friedens und der Freiheit befaßt und sich dafür – bis heute – Beschimpfung, ja sogar Verfolgung und Folterung eingehandelt. Ihr Mahnen und Rufen wäre vergebens, wenn wir Menschen, die es betrifft, nicht auf ihre Lieder hörten. Mit dem Besitz der Lieder allein ist es nicht getan – man muß sie auch singen!

München, im Frühjahr 1984 Gerhard Buchner

# Inhalt


Der Krieg ist alt und entbehrlich 9
Wozu brauchen wir Soldaten? 51
Brüder, zur Sonne, zur Freiheit! 85
Wann wir schreiten Seit an Seit 129
Anleitung für Rhythmusgitarre 176
Grifftabelle für Gitarre 182
Alphabetisches Inhaltsverzeichnis 185

## An die Herrscher der Erde

Soll wieder unsre Welt im Blute schwimmen,
weil euer Herrscherstolz gebeut,
und euer Donnerruf die Stimmen
der Friedenssöhne überschreit?
Ach, schrecklich ist's, der Menschen Mark vergeuden,
und mit der Würgehand
umwühlen in der Menschen Eingeweiden,
vom Schlachtendurst entbrannt!
Steckt eure Schwerter in die Scheide,
laßt eure Donnerschlünde ruh'n!
Gibt's größern Ruhm, gibt's rein're Freude,
als Friede geben, Gutes tun?

Christian Friedrich D. Schubart (1739–1791).

# Der Krieg ist alt und entbehrlich

# Das weiche Wasser

*1. und 5. Strophe Melodie wie Refrain.*
*3. und 4. Strophe Melodie wie 2. Strophe.*

3. Raketen stehn vor unsrer Tür,
die solln zu unserm Schutz hier sein.
Auf solchen Schutz verzichten wir,
das weiche Wasser bricht den Stein.
Es reißt die schwersten Mauern ein ...

4. Die Rüstung sitzt am Tisch der Welt
und Kinder, die vor Hunger schrein,
für Waffen fließt das große Geld:
Doch weiches Wasser bricht den Stein.
Es reißt die schwersten Mauern ein ...

5. Komm, feiern wir ein Friedensfest
und zeigen, wie sich's leben läßt.
Mensch! Menschen können Menschen sein:
Das weiche Wasser bricht den Stein.
Es reißt die schwersten Mauern ein ...

Dieses Lied der Gruppe „bots" wurde zu einem der bekanntesten Lieder der Friedensbewegung.

Text: Dieter Hildebrandt, Lerryn, Günter Wallraff, Hans Dieter Hüsch;
Musik: Hans Sanders.
Mit Genehmigung des Kulturladen, Frankfurt/Main, auf LP „Entrüstung – ‚bots'."

# Entrüstung

A F A G A
1. Die al - ten, kal - ten
Sie wolln bei uns Ra-
F G A
Herrn des Wil - den We - stens woll'n
ke - ten sta - tio - nie - ren, so
C D A E
kei - nen Krieg so dicht vor ih - rer Tür. Die
wer-den wir zum Ziel - ge - biet er - klärt. Je - de
A F G D
Ko - lo - nie Eu - ro - pa macht sich be - stens,
Welt - macht kann die Welt zehn-mal zer - stö - ren
D C G D
da kann man es viel - leicht ja mal ris-
und schreit: die an - dre kann es a - ber ein - mal
A E D
kiern. Nach dem zehn-fa-chen O - ver - kill liegt
mehr.
al - les strah-lend da und still. So - lang noch Zeit ein

2. Es werden Wesen tief in unserer Erde wohnen,
vorn wie ein Baby, hinten wie ein Wurm,
das sind dann die Neutronen-Mutationen,
die große Ruhe nach dem Todessturm.

Nach dem zehnfachen Overkill …

Text: G. Wallraff, D. Hildebrandt / H. D. Hüsch / Lerryn (Diether Dehm);
Musik: Hans Sanders / „bots“.
Mit Genehmigung des Kulturladen, Frankfurt / Main.

## Masters of war

2. You that never done nothin'
But build to destroy
You play with my world
Like it's your little toy
You put a gun in my hand
And you hide from my eyes
An you turn and run farther
When the fast bullets fly

3. Like Judas of old
You lie and deceive
A world war can be won
You want me to believe
But I see through your eyes
And I see through your brain
Like I see through the water
That runs down my drain

4. You fasten the triggers
For the others to fire
Then you set back and watch
When the death count gets higher
You hide in your mansion
As young people's blood
Flows out of their bodies
And is buried in the mud

5. You've thrown the worst fear
That can ever be hurled
Fear to bring children
Into the world
For threatenin' my baby
Unborn and unnamed
You ain't worth the blood
That runs in your veins

6. How much do I know
To talk out of turn
You might say that I'm young
You might say I'm unlearned
But there's one thing I know
Though I'm younger than you
Even Jesus would never
Forgive what you do

7. Let me ask you one question
Is your money that good
Will it buy you forgiveness
Do you think that it could
I think you will find
When your death takes its toll
All the money you made
Will never buy back your soul

8. And I hope that you die
And your death'll come soon
I will follow your casket
On a pale afternoon
And I'll watch while you're lowered
Down to your death bed
And I'll stand o'er your grave
Till I'm sure that you're dead.

Text und Musik: Bob Dylan.

# Der alte Krieg

2. Und die alten Zeiten, sie melden
von den Mördern, Mann gegen Mann –
heute macht man uns alle zu Helden,
wofür keiner was kaufen kann.
*Chorus*

3. Gestern kostete es Millionen,
einen Mann zu erschlagen im Krieg –
heute sind es schon viele Billionen,
und es ist noch immer kein Sieg.
*Chorus*

4. Denn die vielen großen Fabriken,
die uns geben das tägliche Brot,
wird die Bombe wie Spielzeug zerknicken.
Darum tötet den Krieg, der uns droht.
*Chorus*

5. Was zu teuer ist, darf es nicht geben:
Er kostet uns nicht nur das Geld,
der Krieg kostet unser Leben,
er kostet die ganze Welt.
*Chorus*

Text: Gerd Semmer, Dieter Süverkrüp; Musik: Dieter Süverkrüp
Gerd Semmer und Dieter Süverkrüp schrieben das Lied für den Ostermarsch 1964.

# Bombe weg!

G G7
1. Hörst du nicht H - Bom - ben - Don - ner?
C G
Denkst du dir denn nichts da - bei?
Men-schen müs - sen lang-sam ster-ben.
A7 D7
ist es dir denn ei - ner - lei?
G G7
Willst du, daß die klei-nen Kin-der
C G
e - lend dran zu - grun - de gehn,
und die Nach - barn und die Freun-de
E7 A7 D7 G
willst du sie ver - bren-nen sehn?

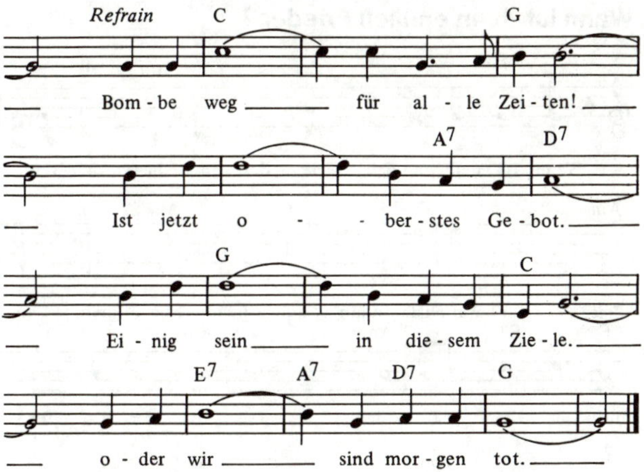


2. Sag's den Führern der Nationen,
sag's der ganzen weiten Welt:
Todesasche trifft uns alle,
wenn das Gift vom Himmel fällt.
Mord bedroht jetzt alle Menschen
hier und fern, in jedem Land.
Wirst du nicht dagegen angehn,
hast du Blut an deiner Hand.
Bombe weg für alle Zeiten ...

3. Nur an deiner Stimme liegt es,
ob die Welt zu Asche wird.
Nur an deinem Handeln sieht man,
ob Vernunft dein Herz regiert.
Darum mußt du mit uns gehen,
denn es ist noch nicht zu spät.
Dein Gewissen muß jetzt sprechen,
daß die Erde fortbesteht.
Bombe weg für alle Zeiten ...

Text: Gerd Semmer; Melodie: Traditional.

# Wann ist denn endlich Frieden?

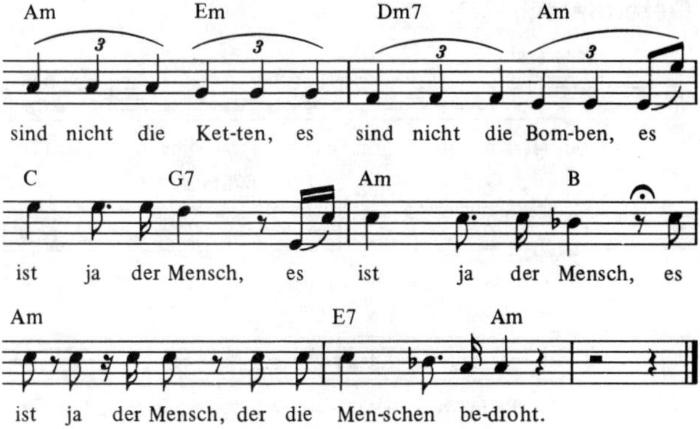


2. Die Welt ist so zerrissen
und ist im Grund so klein.
Wir werden sterben müssen,
dann kann wohl Friede sein.
Es blutet die Erde,
es weinen die Völker,
es hungern die Kinder,
es droht großer Tod.
Es sind nicht die Ketten,
es sind nicht die Bomben,
es ist ja der Mensch,
der den Menschen bedroht.

Text und Musik: Wolf Biermann.
Aus: „Nachlaß I“, von Wolf Biermann.

## Ostermarsch

2. Wir brauchen keine Generale,
keinen Bunker, kein Führerhauptquartier,
der Lehrer wird zum Feldmarschalle,
die Mütter, die werden Offizier.
Der Monteur und der Friseur,
der Student, der nicht mehr pennt,
und der Maler, sie rufen euch alle:
Marschieren wir ...

3. Du deutsches Volk, du bist fast immer
für die falschen Ziele marschiert.
Am Ende waren nur Trümmer.
Weißt du heute, wohin man dich führt?
Nimm dein Schicksal in die Hand,
steck den Kopf nicht in den Sand,
und laßt euch nicht mehr verführen!
Marschieren wir ...

Text und Musik: Hannes Stütz
Das Lied wurde ab 1964 zum Lied der Atomwaffengegner.


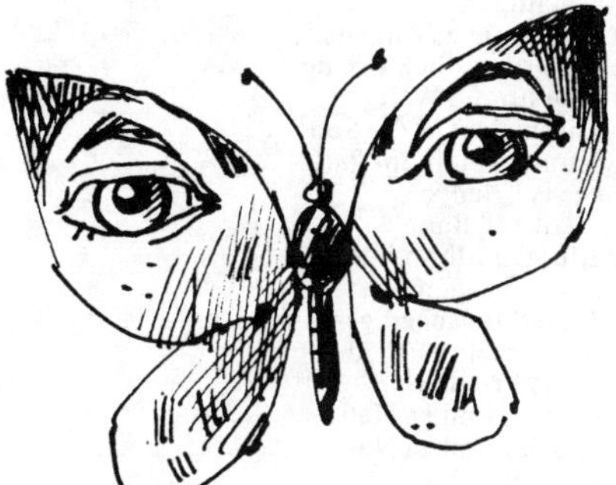

## Frieden

Ned nur i hab so a Angst
ned nur i
hab so an Haß
auf euch
die ihr uns regiert's, tyrannisiert's
in Kriege führt's
wir san nur
Dreck
für euch
vier Milliarden Menschen, vier Milliarden Träume
über die ihr lacht's
vier Milliarden Hoffnungen
die ihr mit einem Schlag zunichts macht's
und ihr baut's Raketen und Atomkraftwerke
und dann Bunker
- wo ihr euch
versteckt's
- aber diesmal, meine Herrn
könnt's euch sicher sein, daß ihr mit uns
verreckt's
vier Milliarden Leben, vier Milliarden Tote
doch des is euch gleich
Hört's, ihr Wissenschaftler, ihr Politiker
ihr Mächtigen
wir fordern jetzt von euch
Gebt's uns endlich Frieden
Frieden für die Welt
am Himmel steht die Sonn
die Kinder spieln im Park
und es is Frieden
I sitz auf ana Bank
die Blumen blühn im Gras
und es is Frieden
I hab die Menschen gern
i steh auf meine Freud
und es is Frieden
Ka Hunger und ka Haß
ka Habgier und ka Neid
und es is Frieden
ka Führer und ka Staat
ka Ideologie
und es is Frieden

ka Mißgunst und ka Angst
und Gott statt Religion
und dann is Frieden
ka Macht für niemand mehr
und niemand an die Macht
und es is Frieden
ka oben und ka unt
dann is die Welt erst rund
und es is Frieden
gebt's uns endlich Frieden ...

Georg Danzer.

Entnommen dem Heyne-Taschenbuch DIE GNÄDIGE FRAU UND DAS ROTE REPTIL von Georg Danzer.

## Nie, nie woll'n wir Waffen tragen

Text und Melodie: Fassung der deutschen Friedensbewegung nach einem Lied von Kees Boeke.

## Geh mit uns

2. Siehst du nicht
die Hungernden der Welt?
Erkennst du nicht die Fragen,
die man dir jetzt stellt?
Wie ein Mensch zu denken,
das ist jetzt deine Pflicht.
Vielleicht willst du schon sterben,
deine Kinder wollen's nicht.
Geh mit uns …

3. Läßt du zu,
daß diese Welt zerbricht?
Die Leiden von Hiroshima,
stören sie dich nicht?
Hast du aus den Leiden
noch immer nichts gelernt?
Protest! Die Bombe weg!
Bevor sie dich entfernt.
Geh mit uns …

Text anonym aus dem Englischen; Melodie nach dem Gospel „By and by“.

## Give peace a chance

Musik und Text John Lennon / Paul McCartney



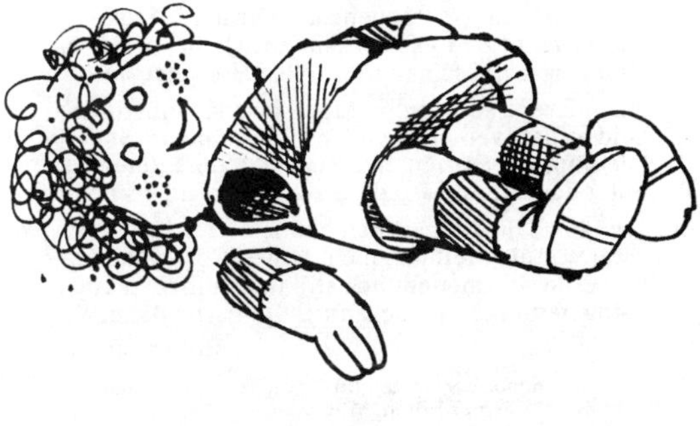

## Das letzte Kapitel

Am 12. Juli des Jahres 2003
lief folgender Funkspruch rund um die Erde:
Daß ein Bombengeschwader der Luftpolizei
die gesamte Menschheit ausrotten werde.

Die Weltregierung, so wurde erklärt, stelle fest,
daß der Plan, endgültig Frieden zu stiften,
sich gar nicht anders verwirklichen läßt,
als alle Beteiligten zu vergiften.

Zu fliehen, wurde erklärt, habe keinen Zweck.
Nicht eine Seele dürfe am Leben bleiben.
Das neue Giftgas krieche in jedes Versteck.
Man habe nicht einmal nötig, sich selbst zu entleiben.

Am 13. Juli flogen von Boston eintausend
mit Gas und Bazillen beladene Flugzeuge fort
und vollbrachten, rund um den Globus sausend,
den von der Weltregierung befohlenen Mord.

Die Menschen krochen winselnd unter die Betten.
Sie stürzten in ihre Keller und in den Wald.
Das Gift hing gelb wie Wolken über den Städten.
Millionen Leichen lagen auf dem Asphalt.

Jeder dachte, er könne dem Tod entgehen.
Keiner entging dem Tod, und die Welt wurde leer.
Das Gift war überall. Es schlich wie auf Zehen.
Es lief die Wüsten entlang. Und es schwamm übers Meer.

Die Menschen lagen gebündelt wie faulende Garben.
Andre hingen wie Puppen zum Fenster heraus.
Die Tiere im Zoo schrien schrecklich, bevor sie starben.
Und langsam löschten die großen Hochöfen aus.

Dampfer schwankten im Meer, beladen mit Toten.
Und weder Weinen noch Lachen war mehr auf der Welt.
Die Flugzeuge irrten, mit tausend toten Piloten,
unter dem Himmel und sanken brennend ins Feld.

Jetzt hatte die Menschheit endlich erreicht, was sie wollte.
Zwar war die Methode nicht ausgesprochen human.
Die Erde war aber endlich still und zufrieden und rollte,
völlig beruhigt, ihre bekannte elliptische Bahn.

Erich Kästner (1899 - 1974).

Aus: Gesammelte Schriften für Erwachsene, Droemer-Knaur 1969.

## Die Waffen sind verschrottet

2. Ein Unterschied der Rassen
ist nirgendwo bekannt,
die Führer sind entlassen,
die Schuldigen erkannt.

3. Die Ängste sind vergessen,
die Lügen sterben aus,
wer hungrig ist, kann essen,
und jeder hat sein Haus.

4. Soviel ist nicht zu hoffen,
heute und morgen nicht,
aber der Weg ist offen:
er heißt Gewaltverzicht.

5. Wir werden ihn beschreiten,
den Weg der neuen Zeit,
und heute vorbereiten,
was morgen uns befreit.

Text: Liselotte Rauner; Musik: Mo Klicker-Dittmann.

# Last night I had the strangest dream
## Traum vom Frieden

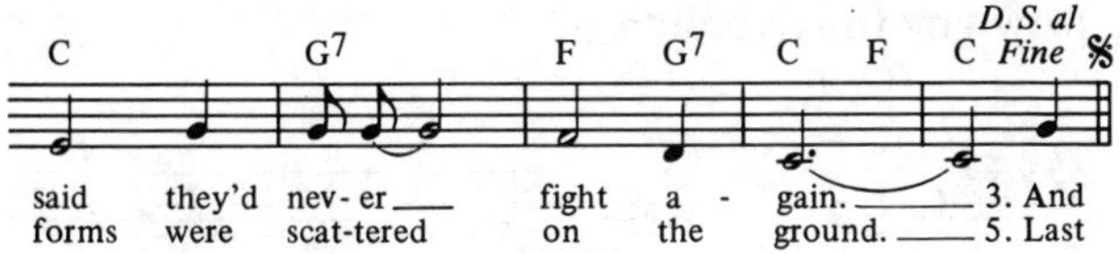


*Deutscher Text:*

*Ich sah heut nacht im Traum vor mir*
*ein endlos weites Feld.*
*Millionen Menschen sah ich dort*
*aus allen Ländern der Welt.*
*Ich sah im Traum die ganze Menschheit*
*einig und befreit*
*von Folter, Haß und Völkermord*
*für jetzt und alle Zeit.*

*Ich sah im Traum dies Menschenheer*
*bewaffnet wie zur Schlacht,*
*in dichten Reihen aufgestellt*
*um einen tiefen Schacht.*
*Und auf ein Zeichen warfen sie*
*all ihre Waffen ab.*
*Granaten, Bomben stürzten*
*tausend Meter tief hinab.*

*Bald war der Schacht gefüllt*
*mit Kriegsmaschinen bis zum Rand,*
*und Menschen aller Rassen*
*standen lachend Hand in Hand.*
*Wohl jeder träumt den Traum vom Frieden,*
*und es kommt die Zeit,*
*dann wird wie jeder Menschheitstraum*
*der Frieden Wirklichkeit.*

Originaltext und Musik: Ed McCurdy
Deutscher Text: Hannes Wader

## Down by the riverside

2. I'm goin' to lay down my sword and shield,
3. I'm goin' to put on my travelin' shoes,
4. I'm goin' to put on my long white robe,
5. I'm goin' to put on my starry crown

Negro Spiritual

## John Brown

2. John Brown's body lies mouldring in the grave;
bright o'er the sod let the starry banner wave;
Lo, for the millions he periled all to save,
Freedom reigns today!

Text und Melodie aus Nordamerika
Textfassung der Freedom-Bewegung

## Oh, Freedom

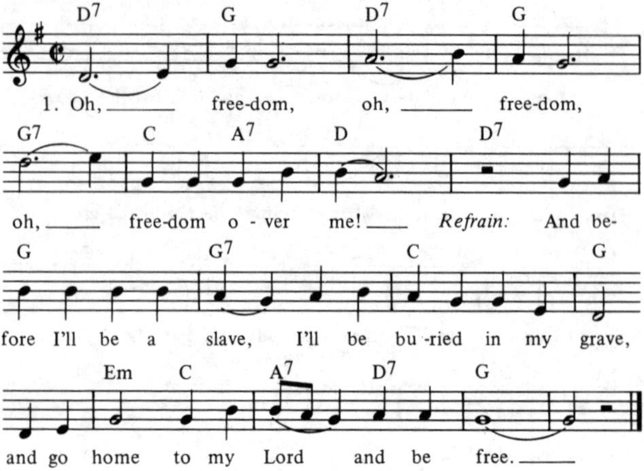


2. No more moaning …

3. No more weeping …

4. There'll be singing …

5. There'll be shouting …

6. Oh, freedom …

Das Lied entstand im amerikanischen Sezessionskrieg (1861 – 65). Verfasser unbekannt.

# We shall not be moved

2. We are fighting for our freedom, we shall not be moved . . .

3. We are black and white together, we shall not be moved . . .

4. We will stand and fight together, we shall not be moved . . .

Adaption of traditional song by members of SNCC

## Wohl denen, die da streiten

2. Du bist nicht Herr der Ratten,
du willst, daß Menschen sind,
erbarme dich der Satten,
laß uns nicht taub und blind,
zeig uns, daß Frieden möglich ist,
und hilf uns nein zu sagen,
kämpfen im Widerstand.

3. Von Herzensgrund wir mahnen,
Gott schütze uns vor Krieg,
vor denen, die ihn planen,
schütz uns vor jedem Sieg,
sie brauchen elffach Sicherheit,
zu löschen jedes Leben
im Land des bösen Feindes.

4. Raketen und Kasernen,
sind nicht von Gott gemacht,
den Frieden zu erlernen
hat er uns zugedacht,
es gibt ein Leben vor dem Tod,
wenn wir es nicht zerstören
und allen Armen Brot.

5. Jesus hat einst zerbrochen
das Schwert für jeden Ort,
er jagt die Waffenhändler
aus seinem Hause fort.
Laß uns in Christus angstlos sein
und Hohn und Haß ertragen
für deinen Frieden hier.

Text: Dorothee Sölle;
Melodie nach „Wohl denen, die da wandeln" von Heinrich Schütz (1661).
Mit freundlicher Genehmigung der Autorin

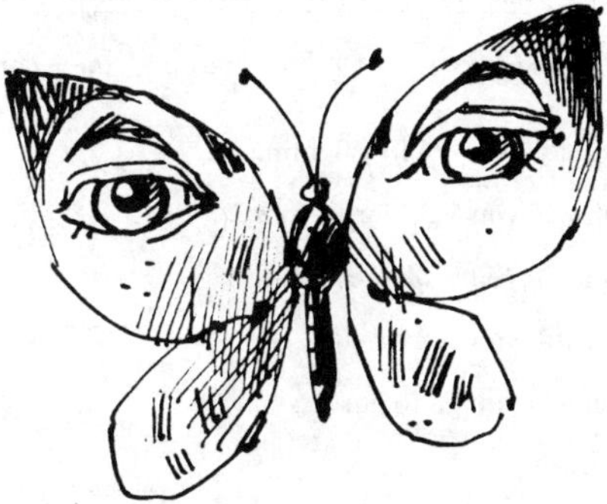

## How did you feel?

2. Oh did you feel like fighting . . .

3. Oh will you fight for freedom . . .

4. Oh will you walk the line . . .

5. Oh will you carry a sign . . .

6. Oh will you go to jail . . .

Freedom-Song

# Dona nobis pacem

Melodie mündlich überliefert

## Verleih uns Frieden gnädiglich

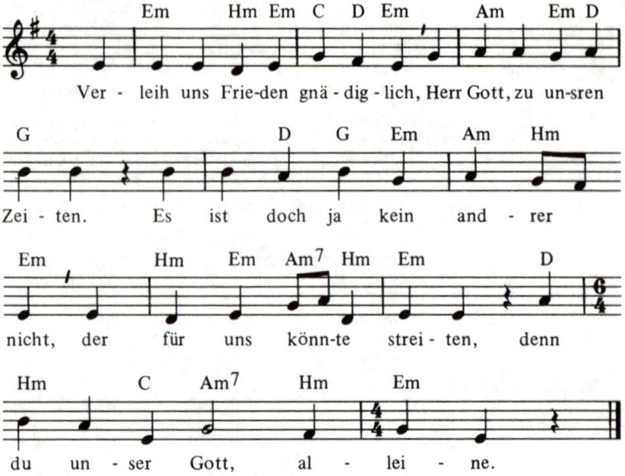


Text: Martin Luther (1529) nach „Da pacem, Domine“;
Melodie: Einsiedeln 12. Jh. / Wittenberg 1529.

## Friedenskanon

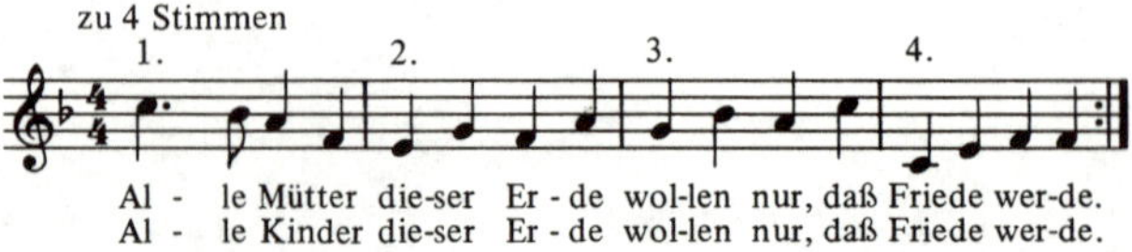


Text: Anni Becker; Musik: überliefert.
Mit freundlicher Genehmigung der Autorin.

## Was nennen wir uns Christen

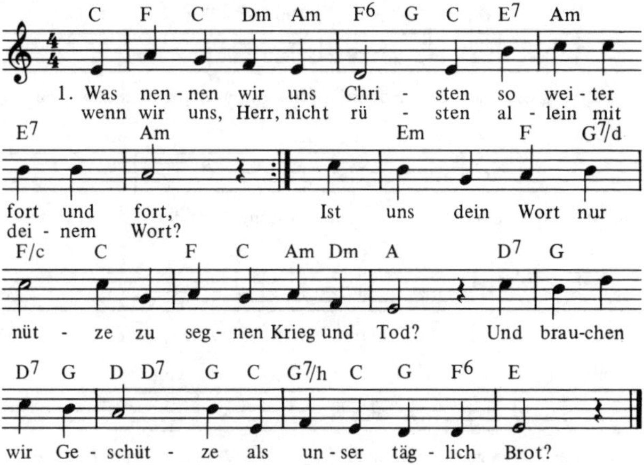


2. Vor dir, zu dem wir beten, Herr unser Friedensgott,
sind Panzer und Raketen nichts als ein Haufen Schrott.
Du hast die Welt geschaffen für Mord nicht und für Krieg.
Dein Wort ist unsre Waffe für einen beßren Sieg.

3. Dein Wort wird für uns siegen. Es gibt uns, Herr, die Kraft
zu überwinden Lügen, Angst und Gefangenschaft.
Nichts gibt uns Sicherheiten: kein Bunker, keine Bank.
Dein Wort wird für uns streiten. Was also macht uns bang?

4. Die Bunker und die Banken sind vor dir, Herr, nur Schein:
wie Babels Türme sanken, so stürzen sie auch ein.
Die Flotten und Armeen vergehn vor dir zu nichts:
ein Sturm wird sie verwehen im Glanze deines Lichts.

5. Im Glanze deines Lichtes wird sich die Welt befrein:
was stark war, wird zunichte, was groß war, das wird klein.
Schon sehn wir Blumen brechen aus Wüsten und Asphalt.
Die Stummen werden sprechen von deiner Allgewalt.

Text: Volker von Törne; Melodie nach „Befiehl du deine Wege“.

# Es kam ein Friede in die Welt

2. Es ließ auf Gottes Grundgesetz
der Streit sich nicht verpflichten.
Die Wirtschaft zielt auf Zugewinn,
die Politik hat Aktien drin.
Wer kann auf Geld verzichten?
Die Werte haben ihren Grund,
die Werbung schaut uns auf den Mund.
Wer will von Unglück reden?

3. Es steht die Wohlfahrt hoch im Kurs,
hat täglich gute Presse:
Mit Glaube, Liebe, Hoffnung, Glück
geht es voran und nie zurück,
am Heil kein Interesse.
Es kam ein Friede in die Welt.
Das Weltgericht war schon bestellt.
Wie kann das Heil uns kommen?

Text: Arnim Juhre; Melodie: Fritz Baltruweit.
Aus: „Fürchte dich nicht“, Lieder und Gedichte zum Kirchentag.
Luth. Verlagshaus, Hamburg 1981.

## Gib uns Frieden jeden Tag

2. Gib uns Freiheit jeden Tag!
Laß uns nicht allein.
Laß für Frieden uns und Freiheit
immer tätig sein.
Denn durch dich, unsern Gott,
denn durch dich, unsern Gott,
sind wir frei in jedem Land.
Laß uns nicht allein.

3. Gib uns Freude jeden Tag!
Laß uns nicht allein.
Für die kleinsten Freundlichkeiten
laß uns dankbar sein.
Denn nur du, unser Gott,
denn nur du, unser Gott,
hast uns alle in der Hand.
Laß uns nicht allein.

Text: Kurt Rommel / Rüdeger Lüders; Melodie: Rüdeger Lüders.
Neue Kinderlieder, BE 807

## We shall overcome

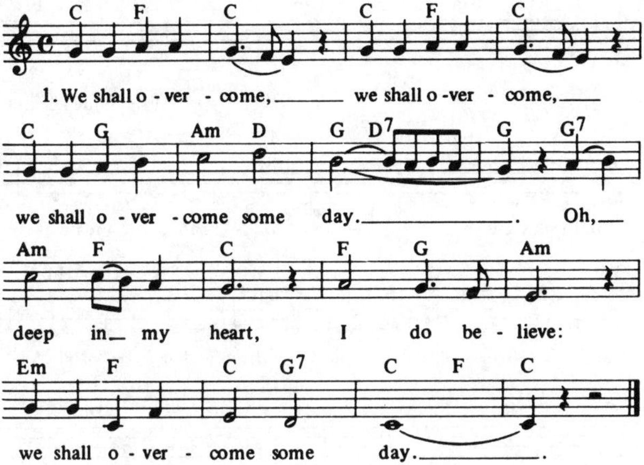


2. We'll walk hand in hand …

3. We shall live in peace …

4. We are not afraid …

5. We are not alone …

6. Truth shall make us free …

7. The lord will see us through …

8. We shall brothers be …

Urheber: Zilphia Horton, Frank Hamilton, Guy Carawan, Pete Seeger

# Friedenslied

Text: A. Albrecht; Musik: Peter Janssens.
Aus: Wir haben einen Traum, 1972.

## Hevenu shalom alejchem

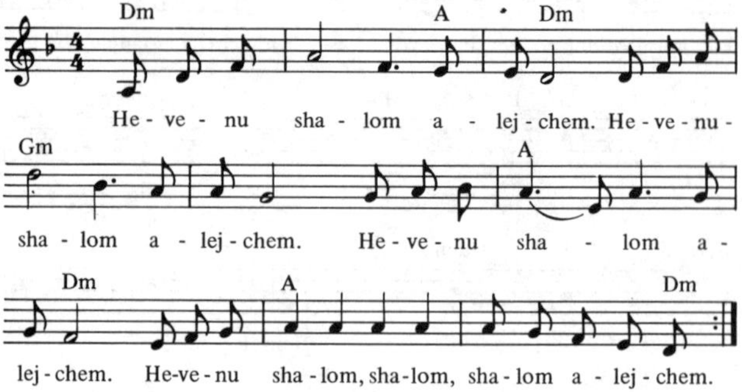


*Übersetzung: Wir haben den Frieden euch gebracht.*

Traditional aus Israel.

## Shalom chaverim

*4st. Kanon*

*Übersetzung: Auf Wiedersehn, Freunde, Friede sei mit euch!*

Text und Melodie aus Israel

# Wozu brauchen wir Soldaten?

## Wo soll ich mich hinwenden

2. Mit List hat man mich g'fangen,
als ich im Bette schlief,
da kam der Hauptmann 'gangen,
ganz leise auf mich griff:
„Ei, Bruder! Bist du da?
Von Herzen bin ich froh!
Steh' auf, Soldat mußt werden,
das ist nun einmal so!"

3. So bin ich nun gefangen,
mit Eisen angelegt.
Als wäre ich durchgegangen,
so hat man mich belegt.
Ach Gott, verleih' Geduld,
ich bitt' um deine Huld!
Mein Schicksal will ich tragen,
vielleicht hab' ich's verschuld't.

4. Der König hat's beschlossen
zu streiten für sein Land.
Viel Kinder werd'n erschossen
durch der Feindlichen Hand.
Das ist des Krieges Lauf:
Rekruten hebt man auf.
Viel tausend Kinder müssen
ihr Leben geben drauf.

5. Dem König muß ich dienen,
so lang ich's Leben hab'.
Werd' ich einmal erschossen,
wirft man den Leib ins Grab.
Allwo in einer Schicht -
ach Gott, erbarme dich! -
viel Kamerad begraben,
vielleicht betrifft's auch mich!

6. Man hört Kanonen knallen,
daß es die Luft erschallt.
Viel tausend Brüder fallen,
verlieren ihr' Gestalt,
seufzen in ihrem Blut,
das stromweis fließen tut,
müssen den Geist aufgeben,
o du unschuldig's Blut!

7. „Ade nun, Vater, Mutter,
ade, mein lieber Freund!
Muß mich zur Reis begeben,
zur Residenz noch heut'.
Der Himmel schütze euch!
Wann ich im Felde bleib',
betet für meine Seele,
daß ich komm' ins Himmelreich!"

8. „Ach Vater, Schwester, Bruder,
stellt euer Weinen ein!
Es kann nichts anders helfen,
Soldat muß ich jetzt sein.
's regieret in der Welt
die Falschheit und das Geld.
Der Reiche kann sich helfen,
der Arme muß ins Feld."

Text und Musik mündlich überliefert (18. Jahrhundert).

## Folgt nicht der Trommel Ton

2. Ich war ein tapfrer Krieger,
sang manch Soldatenlied
hatt' alle meine Glieder –
jetzt bin ich Invalid.

3. Weiß Gott, hab viel gelitten,
gefochten manchen Kampf,
für's Vaterland gestritten,
geschmeckt den Pulverdampf.

4. Ich stand bei Sturm und Regen,
bei großer Mitternacht,
bei Blitz und Donnerschlägen
oft einsam auf der Wacht.

5. Mir drohten oft Geschütze
den fürchterlichsten Tod.
Ich trank aus mancher Pfütze
und aß verschimmelt Brot.

6. Ich bettle vor den Türen,
ich armer lahmer Mann.
Ach Gott, wen wird es rühren?
Wer nimmt sich meiner an?

7. Sah manchen Kameraden
an meiner Seite tot,
mußt' oft im Blute waden,
wenn es mein Herr gebot.

8. Bedeckt mit dreizehn Wunden,
an meine Krück' gelehnt,
hab ich zu manchen Stunden
mich nach dem Tod gesehnt.

9. Und da er mich verschonet,
werd' ich - noch fern vom Grab,
für Kampf und Schmerz belohnet
mit diesem Krückenstab.

10. Ich rat euch's, Brüder alle
folgt nicht der Trommel Ton
und dem Trompetenschalle,
sonst kriegt ihr meinen Lohn!

Melodie Volksweise

Der Text dieses Liedes lehnt sich an ein Gedicht von Christian F. D. Schubart (1739-1791) an, das er während seiner zehnjährigen Festungshaft auf dem Hohenaßberg geschrieben hat. Schubart beeinflußte mit seinen revolutionären Gedanken und Schriften Friedrich von Schiller insbesondere zu dessen Drama „Die Räuber“.

## O König von Preußen

2. Und kommt das Frühjahr an,
da ist die große Hitz',
da muß man exerzieren,
daß ei'm der Buckel schwitzt.
Da muß man exerzieren
vom Morgen bis Mittag,
und das verfluchte Leben,
das währt den ganzen Tag.

3. Vom Exerzieren weg
geht's wieder auf die Wacht,
kein Teufel tut nicht fragen,
ob man gefressen hat.
Kein Branntwein in der Flaschen,
kein weißes Brot dabei;
ein schlechtes Tabakrauchen,
das ist der Zeitvertreib.

4. Dann kommt ein' frisch Parad';
tut man ein' falschen Tritt,
so fängt man an zu rufen:
Der Kerl muß aus dem Glied!
Patronentasche runter,
den Säbel abgelegt,
und tapfer drauf geschmissen,
bis er sich nicht mehr regt!

5. Ihr Herren, nehmt's nicht Wunder,
wenn einer desertiert,
wir werden wie die Hunde
mit Schlägen strapleziert;
und bringen sie uns wieder,
sie henken uns nicht auf,
das Kriegsrecht wird gesprochen:
Der Kerl muß Gassen lauf'!

6. Und wann wir Gassen laufen,
so spielet man uns auf
mit Waldhorn und Trompeten,
da geht es tapfer drauf;
da werden wir gehauen
von manchem Musketier,
der eine hat's Bedauern,
der andre gönnt es mir.

7. Und werden wir dann alt,
wo wenden wir uns hin?
Die Gesundheit ist verloren,
die Kräfte sind dahin!
Und endlich wird es heißen:
Ein Vogel und kein Nest!
Geh, Alter, nimm den Bettelsack,
bist auch Soldat gewest!

Das Gassenlaufen oder Spießrutenlaufen war eine der schlimmsten Strafen für Soldaten. Nach dem Lauf waren die meisten zu Krüppeln geschlagen oder sie starben an den Verletzungen.

Soldatenlied, um 1800 entstanden.

## Soldat bin ich's gewesen

2. Einen Rock hab ich's getragen
von rot und blauem Tuch,
Reithosen und Stiefeln,
ein Säbel dazu.

3. Exerziern mußt' ich lernen,
ei, das g'fiel mir schwer,
doch tat ich's erlernen,
es gab mir viel Ehr'.

4. Und als ich's erlernet,
mußt' ich gleich fort in Krieg,
bis ich's endlich bei Leipzig
ganz schwer bin blessiert.

5. Da bin ich's gelegen
auf Leben und Tod,
sechs Monat in Schmerzen,
in Jammer und Not.

6. Mein Arm ist abg'nommen,
zerschossen mein Bein.
Was wird nun noch kommen?
Nichts als Elend und Pein!

7. Kein Haus und kein' Hütten,
kein Weib und kein Kind,
kann suchen, wo ich's bleibe,
kann sehen wohin!

Soldatenklage um 1840.

## Wir zogen in das Feld

2. |: Wir kamen vor Siebentod, :| da hättn wir weder Wein noch Brot.
3. |: Wir kamen vor Friaul, :| da hättn wir allesamt groß Maul.
4. |: Wir kamen vor Benevent, :| da hätt all unsre Not ein End.

*) Landsknechtswelsch, zu deutsch etwa: „Präsentiert euch zur Musterung, ihr Herren".
**) „Siebentod" ist die italienische Stadt „Cividale".

Soldatenklage aus dem 16. Jahrhundert.

## Ich bin Soldat

2. Ich bin Soldat, doch nur mit Widerstreben;
ich lieb' ihn nicht, den blauen Königsrock,
ich lieb' es nicht, das blut'ge Waffenleben,
mich zu verteid'gen wär' genug ein Stock.
O sagt mir an, wozu braucht ihr Soldaten?
Ein jedes Volk liebt Ruh' und Frieden nur,
allein aus Herrschsucht und dem Volk zum Schaden
laßt ihr zertreten, ach, die gold'ne Flur!

3. Ich bin Soldat, muß Tag und Nacht marschieren,
statt an der Arbeit, muß ich Posten steh'n,
statt in der Freiheit, muß ich salutieren
und muß den Hochmut frecher Burschen seh'n.
Und geht's ins Feld, so muß ich Brüder morden,
von denen keiner mir zuleid was tat,
dafür als Krüppel trag' ich Band und Orden,
und hungernd ruf ich dann: Ich war Soldat!

4. Ihr Brüder all', ob Deutsche, ob Franzosen,
ob Ungarn, Dänen, ob vom Niederland,
ob grün, ob rot, ob blau, ob weiß die Hosen,
gebt euch statt Blei zum Gruß die Bruderhand!
Auf, laßt zur Heimat uns zurückmarschieren,
von den Tyrannen unser Volk befrei'n;
denn nur Tyrannen müssen Kriege führen,
Soldat der Freiheit will ich gerne sein!

Text und Melodie mündlich überliefert (seit 1870).

# Wozu brauchen wir Soldaten?

2. Und die Fahnen und die Orden
und den ganzen Scheißklimbim
und das Hassen und das Morden,
ja, das hat kein Mensch dann mehr im Sinn.
Keiner wird mehr kommandieren,
keiner wird mehr schikanieren.
Keine Herren, keine Knechte.
Alle haben gleiche Rechte,
Männer, Frauen, Oma, Opa.
Keine Grenze in Europa
von der Nordsee bis zum Felsen Gibraltar,
vom Ural bis an den Ozean!

3. Uniformen, Waffen, Helden
und die ganze Kriegerwelt
werden endlich nichts mehr gelten,
und der Ehrenlorbeerzirkusschmus entfällt.
Und die überflüssigen Götzen
wird dann Menschlichkeit ersetzen.
Und kein Vaterland gibt's mehr.
Das bedauert keiner sehr,
denn: Ein Vaterland zu erben
heißt, fürs Vaterland zu sterben.
Brüder, Schwestern, laßt uns für die Liebe leben
und gemeinsam in die Zukunft gehn!

Text: Anni Becker; Musik: volkstümlich überliefert.
(„Wer will unter die Soldaten")

## Where have all the flowers gone?
## Sag mir, wo die Blumen sind

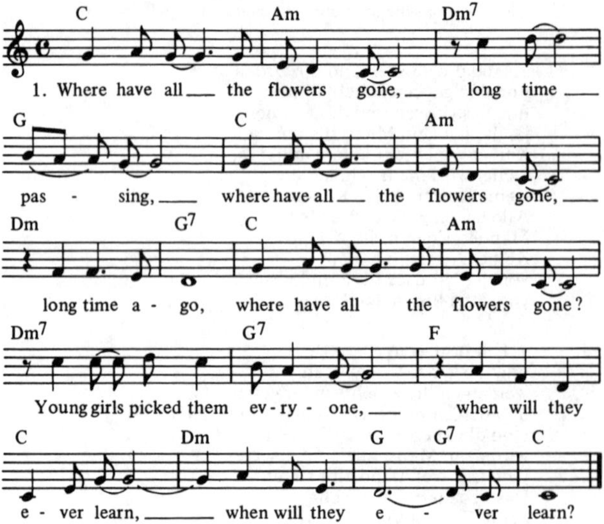


2. Where have all the young girls gone, long time passing,
where have all the young girls gone, long time ago,
where have all the young girls gone?
Gone to husbands everyone,
when will they ever learn, when will they ever learn?

3. Where have all the husbands gone . . .
Gone to soldiers everyone, when will they ever learn . . .

4. Where have all the soldiers gone . . .
Gone to graveyards everyone, when will they ever learn . . .

5. Where have all the graveyards gone . . .
Covered with flowers everyone, when will they ever learn . . .

6. Wie 1.

*Deutscher Text:*

1. Sag mir, wo die Blumen sind, wo sind sie geblieben,
sag mir, wo die Blumen sind, was ist geschehn?
Sag mir, wo die Blumen sind, Mädchen pflückten sie geschwind,
wann wird man je verstehn, wann wird man je verstehn?

2. Sag mir, wo die Mädchen sind . . .
Männer nahmen sie geschwind . . .

3. Sag mir, wo die Männer sind . . .
Zogen fort, der Krieg beginnt . . .

4. Sag, wo die Soldaten sind . . .
Über Gräbern weht der Wind . . .

5. Sag mir, wo die Gräber sind . . .
Blumen wehn im Sommerwind . . .

6. wie 1.

Urheber Pete Seeger; Deutscher Text: Max Colpet.



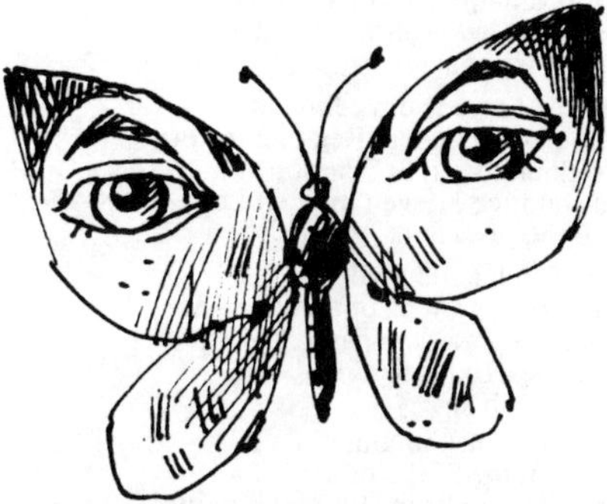

## Zu Straßburg auf der Schanz

2. Eine Stund wohl in der Nacht
haben's mich gefangen bracht;
sie führten mich vors Hauptmanns Haus:
O Himmel, was soll werden daraus!
Mit mir ist's aus!

3. Früh Morgens um zehn Uhr
stellt man mich dem Regimente vor;
da soll ich bitten um Pardon
und werd ich kriegen meinen Lohn,
das weiß ich schon.

4. Ihr Brüder allzumal,
heut seht ihr mich zum letztenmal.
Unser Corporal, der gestrenge Mann,
ist meines Todes Schuld daran,
den klag ich an!

5. O Himmelskönigin,
nimm meine Seel dahin!
Nimm sie zu dir in Himmel hinein,
allwo die lieben Englein sein.
Und vergiß nicht mein!

Text und Melodie um 1800.

# Zogen einst fünf wilde Schwäne

2. |: Wuchsen einst fünf junge Birken
grün und frisch am Bachesrand. :|
Sing, sing, was geschah? Keine in Blüte stand
ja, sing, sing, was geschah? Keine in Blüte stand.

3. |: Zogen einst fünf junge Burschen
stolz und kühn zum Kampf hinaus. :|
Sing, sing, was geschah? Keiner kehrt mehr nach Haus
ja, sing, sing, was geschah? Keiner kehrt mehr nach Haus.

4. |: Wuchsen einst fünf junge Mädchen
schlank und schön am Memelstrand. :|
Sing, sing, was geschah? Keines den Brautkranz wand
ja, sing, sing, was geschah? Keines den Brautkranz wand.

Text und Melodie aus dem Memelland

Aus: Karl Plenzat „Der Liederschrein", Verlag Friedrich Hofmeister, Hofheim / Taunus.

## The universal soldier

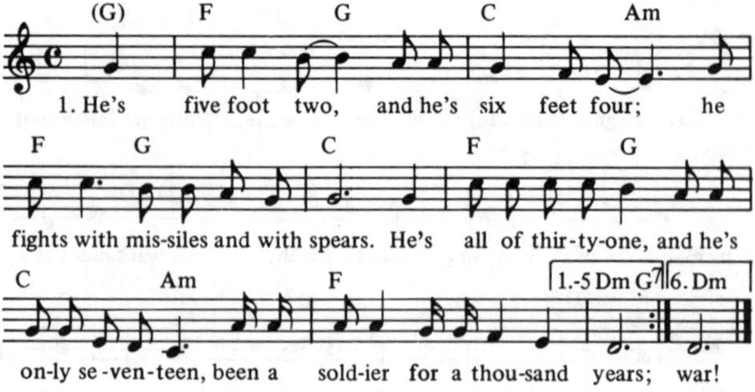


2. he's a Catholic, a Hindu, an atheist, a Chein,
a Buddhist and a Baptist and a Jew,
and he knows, he shouldn't kill, and he knows, he always will,
kill you for me, my friend, and me for you;

3. and he's fighting for Canada, he's fighting for France,
he's fighting for the U.S.A.,
and he's fighting for the Russians, he's fighting for Japan,
and he thinks we put an end to war this way;

4. and he's fighting for democracy, he's fighting for the Reds,
he says it's for the peace of all,
he's the one, who must decide, who's to live and who's to die,
and he never sees the writing on the wall;

5. and without him, how would Hitler have condemned them at Dachau,
without him Caesar would have stood alone,
he's the one, who gives his body as a weapon of the war,
and without him all this killing can't go on;

6. he's the universal soldier, and he really is to blame,
his orders came from far away, no more;
they came from here and there, and you and me, and brothers,
can't you see, this is not the way we put an end to war!

Musik und Originaltext Buffy Sainte-Marie.

# Soldat, Soldat

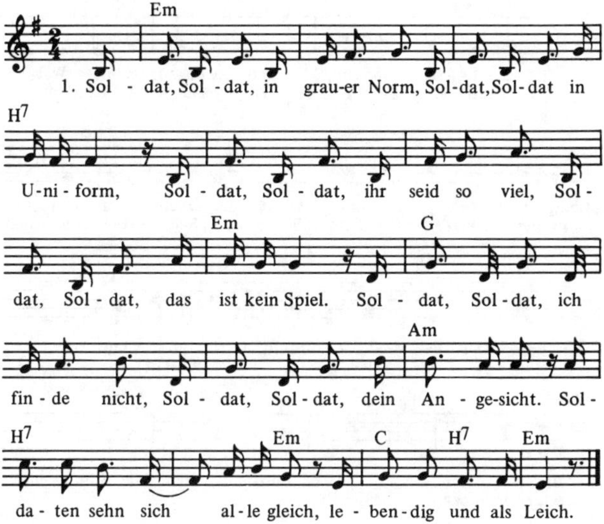


2. Soldat, Soldat, wo geht das hin,
Soldat, Soldat, wo ist der Sinn?
Soldat, Soldat, im nächsten Krieg,
Soldat, Soldat, gibt es kein Sieg.
Soldat, Soldat, die Welt ist jung,
Soldat, Soldat, so jung wie du.
Die Welt hat einen tiefen Sprung,
Soldat, am Rand stehst du.

3. Soldat, Soldat in grauer Norm,
Soldat, Soldat in Uniform,
Soldat, Soldat, ihr seid so viel,
Soldat, Soldat, das ist kein Spiel;
Soldat, Soldat, ich finde nicht,
Soldat, Soldat, dein Angesicht,
Soldaten sehn sich alle gleich,
lebendig und als Leich.

aus: „Nachlaß 1“ von Wolf Biermann

# Lustig ist Soldatenleben

2. Lustig ist Soldatenleben,
mancher hat sich totgelacht,
wenn die Bomben niederschweben.
Lustig ist es, wenn es kracht
Tag und Nacht - Tag und Nacht.
Lustig sind des Feldherrn Pläne,
lustig eingeplant zu sein,
er der Hobel - ihr die Späne,
mal ein Arm und mal ein Bein.
Das muß sein - das muß sein...

Lustig, wenn Soldaten reisen
in die große weite Welt,
um der Nachwelt zu beweisen:
Jeder Deutsche ist ein Held,
wenn er fällt - wenn er fällt...

3. Lustig, in der Schlacht zu siegen.
Fällst du aus und mußt zurück,
kannst du Heimaturlaub kriegen,
denn dir fehlt vom Rumpf ein Stück.
So ein Glück - so ein Glück...
Die Bilanz: Millionen Tote
- Gott sei Dank, daß keiner schreit -,
doch das ist normale Quote.
Alle Wunden heilt die Zeit.
Seid ihr wieder mal soweit?

Laß dir nicht dein Leben stehlen,
Kriege müssen ja nicht sein.
Wenn sie wieder auf dich zählen,
dann sag Nein - dann sag Nein,
dann sag: Nein...

Text: Liselotte Rauner; Musik: Frank Baier
Mit freundlicher Genehmigung der Autoren.

## Brot und Frieden

2. Noch viel schöner wären zwei
Liter Mittagessen,
darum füllt vom dicken Brei
Sätzchen unbemessen.
Daß die Zeit einst üppig war,
läßt sich nicht bestreiten.
Jeder, selbst der Bettler gar,
denkt an Friedenszeiten.

3. Noch viel schöner war die Post
täglicher Pakete,
aber diesen letzten Trost
sperrt und stiehlt man stete.
Drum, Kam'rade, komm geschwind,
laß den Krieg den andern,
laß, eh' wir verhungert sind,
friedlich heim uns wandern.

Parodie aus dem 1. Weltkrieg auf das Volkslied „Gold und Silber lieb ich sehr“.

## Die Hungersnot

2. Wir ließen den Kaiser bitten,
er möcht uns doch erretten
mit einem Bissen Brot.

3. Der Kaiser täte schicken
um dreißig Silberstücke
für achtzigtausend Mann.

4. Die Stücklein waren geschnitten
als wie die halben Glieder,
die an dem Finger sind.

5. Wir haben's nicht selber gegessen,
wir haben's den Pferden gelassen,
's war große Hungersnot.

6. Die Wurzeln aus der Erden
haben wir uns ausgegraben,
ist unsre Speise gewest.

7. Den Tau wohl von den Blumen
haben wir uns abgenommen,
ist unser Trank gewest.

8. Wenn das mein Vater wüßte,
dazu mein liebes Geschwister,
sie würden mir schicken Brot.

9. Dazu ein weißes Hemde,
vor meinem letzten Ende,
weil ich jetzt sterben muß.

10. Dazu ein Krug mit Wasser,
draus ich mich könnte waschen
vor meinem letzten End.

11. Es sind unser zwei geblieben,
die haben das Lied geschrieben
von der großen Hungersnot.

Soldatenklage aus dem 18. Jahrhundert, erstmals veröffentlicht im Deutschen Volksgesangbuch 1848.

## Wir kämpfen nicht für Vaterland

Spottlied aus dem 1. Weltkrieg. Melodie nach „Hinaus in die Ferne“.

## Die bange Nacht

2. Der erste Schluck – du liebes Weib!
An dich denk ich mit Seel und Leib,
an dich und unsre Erben!
Ihr Lieben, ach, es ist so schwer,
für Görings Bauch und Hitlers Ehr'
zu sterben, zu sterben!

3. Der zweite Schluck – mein deutsches Land,
wie lebst du heut in Schmach und Schand',
in Elend und Verderben!
Der Reiche säuft und frißt vergnügt,
doch unser armes Deutschland liegt
im Sterben, im Sterben!

4. Der dritte Schluck - ich sag es laut:
Dreht die Kanonen um und haut
das Hitlerreich in Scherben!
Wenn wir vom Feind das Land befrein,
dann soll's uns eine Ehre sein,
zu sterben, zu sterben!

Text anonym, Parodie auf Georg Herweghs „Reiterlied“ (1941 in der illegalen Schrift „Das neue Soldaten-Liederbuch, Textbuch mit Melodien“ abgedruckt); Melodie: J. W. Lyra (1822 - 1882).

## It's a long way to Tipperary

Im 1. Weltkrieg war es ein beliebtes Lied der englischen Soldaten. Tipperary ist eine kleine Stadt in Südirland, Piccadilly und Leicester Square sind berühmte Plätze in London.

Traditional aus Irland.

## Mit der Spielzeughandgranate

2. Mit den winzigen Soldaten
zieht der Karsten in den Krieg.
Was da stirbt, das sind nur Feinde,
und er träumt den Traum vom Sieg.

3. Unsere Kinder lernen schießen,
und noch töten sie im Spaß.
Um den Frieden einzuüben,
spielt man Frieden, merkt euch das.

4. Keiner sage, er sei machtlos,
es wird wachsen, was ihr sät.
Wenn der Knopf erst mal gedrückt ist,
ist zum Frieden es zu spät.

5. Warum Kriegsspielzeug verbieten,
keiner wird davon zerfetzt.
Aber doch zerstört es Kinder,
ihre Seele wird verletzt.

6. Mit dem Tod läßt sich nicht spaßen,
Sterben ist kein Kinderspiel!
Frieden schaffen ohne Waffen,
gebt den Kindern dies als Ziel!

Text und Melodie aus der DDR.

## Kriegsvoyeure

Gegen 19 Uhr warten wir immer auf den Krieg.
Meistens kommt er an zweiter Stelle von „Heute“
und an dritter Stelle von der „Tagesschau“.
Der Krieg: Iran / Irak geht für meinen Geschmack
schon etwas zu lange.
Eine Serie hat dreizehn Folgen.
Und dann sollte man wechseln.
Sonst glaubt man, der Mann am MG sei immer der gleiche.
Oder mal eine schöne Wiederholung bringen.

Mir tun ja die Leute leid,
die hinter der Glasscheibe sterben,
bloß damit wir fernsehen können.
Je größer der Bildschirm,
um so größer unser Mitleid.
Wir haben schon viele Kriege beim Abendbrot gesehen.
Wir sehen einfach zu.

Wenn wir wissen, daß regelmäßig ein Krieg kommt,
dann essen wir schon leichter,
damit uns der Krieg besser bekommt.

Wenn es manchmal zu laut ist,
stellen wir den Krieg einfach leiser.
Das ist das Schöne am Fernsehen.
Man kann ihn auch heller und dunkler stellen
oder ihn einfach abschalten.
Aber wer macht das schon gerne.

Neulich war ich in der Küche
und habe eine Tonstörung gehört.
Als ich ins Zimmer kam war es ein Todesschrei.
Das menschliche Leid ist eine Frage
der Bild- und Tonschärfe geworden.

Gestern stand der Krieg unentschieden.
Mal sehen, wer gewinnt.
Mir sind beide recht.
Ich hab’ da keine Ressentiments.

Wenn ein Krieg gezeigt wird,
meint man manchmal, das Bild ist zu rot.
Und ruft die Störungsstelle an.
Das Bild ist nicht zu rot.
Eine Stadt brennt.

Manchmal bin ich ganz froh,
daß vor den Schüssen eine Trennscheibe ist.
Die Toten stinken nicht im Zimmer
und man muß kein Blut vom Teppich waschen.
Das wäre nämlich eine Riesensauerei,
wenn das alles auf den Teppich tropfen würde,
was man auf dem Bildschirm sieht.
Dann würde ich mir keine Kriege mehr anschauen.

Kleinere, begrenztere Kriege sind für das Fernsehen besser.
Denn beim großen Knall sehen wir bestimmt nichts mehr.
Und bei der Neutronenbombe
läuft höchstens noch der Apparat.

*Helmut Ruge*

Verlag Plakaterie GmbH, Nürnberg

## Der Mensch soll nicht stolz sein

2. Der Reiche, der kauft sich vom Soldatenstand frei,
liest Zeitung hinterm Ofen, lacht heimlich dabei.
Der Arme, er muß fort, wenn's Land ihn begehrt,
aber er nimmt sein' Ruhm mit, tief unter die Erd'.

3. Einst kehren wir Krieger vom Schlachtfeld zurück,
da sucht manche Mutter mit weinendem Blick
ihren Sohn aus den Reihen, ob er wieder heimkehrt,
aber er liegt in Frankreich, tief unter der Erd'.

Text und Melodie: anonym, um 1915 entstanden

## Soldatenlied

1. Wir lernten in der Schlacht zu stehn
bei Sturm und Höllenglut.
Wir lernten in den Tod zu gehn,
nicht achtend unser Blut.
Und wenn sich einst die Waffe kehrt
auf die, die uns den Kampf gelehrt,
sie werden uns nicht feige sehn:
Ihr Unterricht war gut.

2. Wir töten, wie man uns befahl,
mit Blei und Dynamit,
für Vaterland und Kapital,
für Kaiser und Profit.
Doch wenn erfüllt die Tage sind,
dann stehn wir auf für Weib und Kind
und kämpfen, bis durch Dunst und Qual
die lichte Sonne sieht.

3. Soldaten! Ruft's von Front zu Front:
Es ruhe das Gewehr!
Wer für die Reichen bluten konnt,
kann für die Seinen mehr.
Ihr drüben! Auf zur gleichen Pflicht!
Vergeßt den Freund im Feinde nicht!
In Flammen ruft der Horizont
nach Hause jedes Heer.

4. Lebt wohl, ihr Brüder! Unsre Hand,
daß ferner Friede sei!
Nie wieder reiß das Völkerband
in rohem Krieg entzwei.
Sieg allen in der Heimatschlacht!
Dann sinken Grenzen, stürzt die Macht,
und alle Welt ist Vaterland,
und alle Welt ist frei!

Erich Mühsam war 1919 Mitglied des Zentralrats der bayrischen Räterepublik. Nach deren Sturz wurde er zu fünfzehn Jahren Festungshaft verurteilt; davon verbrachte er sechs Jahre im Gefängnis. Nach dem Reichstagsbrand wurde er von den Nazis verhaftet und 1934 im KZ Oranienburg ermordet.

Text: Erich Mühsam (1916). Zu singen nach der Melodie des „Andreas Hofer Liedes" (s. Seite 118).

## Unser Leben gleicht der Reise

2. Aber unerwartet schwindet vor uns Nacht und Dunkelheit,
und der Schwerbedrückte findet Linderung in seinem Leid.

3. Darum laßt uns weitergehen, weichet nicht verzagt zurück!
Dort in jenen fernen Höhen wartet unser noch ein Glück.

4. Mutig, mutig, liebe Brüder, gebt die bangen Sorgen auf:
morgen geht die Sonne wieder freundlich an dem Himmel auf.

1812 wurde die napoleonische Armee beim Übergang über die Beresina von den Russen vernichtend geschlagen. Schweizerische Soldaten verfaßten damals das Lied, das ihnen Mut zum Überleben und Hoffnung auf ein Wiedersehen mit der Heimat gab. Es wird deshalb auch „Beresina-Lied“ genannt.

# Brüder, zur Sonne, zur Freiheit!

## Erwachtes Bewußtsein

2. Da wird dann viel erzählt,
gar viel und mancherlei erzählt,
gestritten und gelacht,
und mancher Witz gemacht.
Juja, juja…

3. Dann stoßen wir auch an,
auch auf die deutsche Freiheit an,
und unsre Polizei
sitzt fröhlich mit dabei.
Juja, juja…

4. Und wenn die Stunde schlägt,
und wenn die Feierstunde schlägt,
löscht man die Lichter aus,
und wir, wir gehn nach Haus.
Juja, juja…

August Heinrich Hoffmann von Fallersleben (1798–1874) schrieb diesen Text 1844 zur bekannten Volksliedmelodie „Ein Jäger aus Kurpfalz".

## Wiegenlied

2. Laß jede Freiheit dir rauben,
setze dich nicht zur Wehr,
du behältst ja den christlichen Glauben:
Schlafe, was willst du mehr?

3. Und ob man dir alles verböte,
gräme dich nicht zu sehr,
du hast ja Schiller und Goethe:
Schlafe, was willst du mehr,

4. Dein König beschützt die Kamele
und macht sie pensionär,
dreihundert Taler die Seele:
Schlafe, was willst du mehr?

5. Es fechten dreihundert Blätter
im Schatten, ein Sparterheer:
und täglich erfährst du das Wetter:
Schlafe, was willst du mehr?

6. Kein Kind läuft ohne Höschen
am Rhein, dem freien, umher:
Mein Deutschland, mein Dornröschen,
schlafe, was willst du mehr?

Text: Georg Herwegh (1817 – 1875); Melodie nach „Es war ein König in Thule“.

## Nachtwächters Stilleben

1. Weib, gib mir Deckel, Spieß und Mantel,
der Dienst geht los, ich muß hinaus.
Noch einen Schluck... Adjes, Mariandel!
Ich hüt' die Stadt, hüt' du das Haus!
Nun schrei' ich wieder wie besessen,
was sie nicht zu verstehen wagen
und was sie alle Tag' vergessen:
*Hört, ihr Herrn, und laßt euch sagen!*

2. Schnarcht ruhig fort in euren Nestern
und habt auf mein Gekreisch nicht acht!
Die Welt ist akkurat wie gestern,
die Nacht so schwarz wie alle Nacht.
Auch welche Zeit, will niemand wissen,
's gibt keine Zeit in unsren Tagen,
duckt euch nur in die warmen Kissen,
*die Glocke, die hat nichts geschlagen!*

3. Laß keiner sich im Schlaf berücken
vom (vulgo Zeitgeist) Antichrist,
und sollte wen ein Älplein drücken,
dankt Gott, daß es nichts Ärg'res ist.
Das Murren, Meistern, Zerr'n und Zanken,
das Träumen tut es freilich nicht,
drum schluckt sie runter, die Gedanken,
*bewahrt das Feuer und das Licht.*

4. Auch wackelt nicht im bösen Willen
an eurem Bett und rekelt nicht;
die Zipfelmütze zieht im stillen
zufrieden übers Angesicht.
Der Hund im Stall, der Mann beim Weibe,
die Magd beim Knecht, wie Recht und Pflicht,
so ruht und rührt euch nicht beileibe,
*auf daß der Stadt kein Schad' geschicht!*

5. Und wann die Nacht, wie alle Nächte,
vollendet hat den trägen Lauf,
dann steigt, doch stets zuerst das rechte
Bein aus den Federn, sittsam auf!
Labt euch an dem Zichorientranke
und tretet eure Mühlen gern,
freut euch des Lebens voller Danke
*und lobt, nächst Gott, den Landesherrn!*

Franz Dingelstedt (1814 – 1881) schildert in diesem Gedicht ironisch die bürgerlich-schläfrige Situation in Deutschland vor der März-Revolution 1848.

## Brüder, zur Sonne, zur Freiheit

2. Seht, wie der Zug von Millionen
endlos aus Nächtigem quillt,
bis euer Sehnsucht Verlangen
Himmel und Nacht überschwillt.

3. Brüder in eins nun die Hände,
Brüder, das Sterben verlacht:
Ewig der Sklaverei ein Ende,
heilig die letzte Schlacht!

4. Brechet das Joch der Tyrannen,
die uns so grausam gequält!
Schwenket die blutroten Fahnen
über die Arbeitswelt!

Text: Leonid P. Radin; deutsch: Hermann Scherchen;
Melodie mündlich überliefert.
Mit Genehmigung des ARS VIVA Verlages, Mainz.

Das Lied entstand in einem Moskauer Gefängnis. Der Dirigent Hermann Scherchen (1891 – 1966) lernte es während seiner Internierung in Rußland im ersten Weltkrieg kennen. Er übersetzte den Text ins Deutsche und machte das Lied durch die von ihm geleiteten Berliner Chöre in Deutschland bekannt. Es wurde in der Weimarer Zeit zum Gewerkschaftslied.

## Im Krug zum grünen Kranze

2. Ich tät mich zu ihm setzen,
ich sah ihm ins Gesicht,
das schien mir gar befreundet,
und dennoch kannt ich's nicht.

3. Da hub er an zu fragen:
„Gesell, wie steht's zu Haus?
Und mit dem Sinn der Bürger,
wie sieht es bei euch aus?"

4. Ich sprach: „Sie sind verbunden
und halten wacker stand,
den freien Sinn zu hegen
im Dorf und rings im Land."

5. Da sah er mir ins Auge:
„Der Freiheit gilt's, wohlan!
Ihr ist in alter Liebe
auch mein Herz zugetan!"

6. Hei, wie die Gläser klangen,
es brannte Hand in Hand:
„Es lebe das Recht, die Freiheit,
Herzbruder, im Vaterland!"

Parodie des bekannten Trinkliedes von Wilhelm Müller; veröffentlicht 1898 in „Demokratisches Liederbuch zum Gebrauch der Volksvereine".

## Wacht ojf (Wacht auf)

2. Wi lang wet ir schtejn, ajer Rukn gebojgn,
Derniderikt, hejmlos, farschmacht?
Ess togt schojn! Wacht ojf un zu-efnt di Ojgn!
Derfilt ajer ajserne Macht!

3. Klingt umetum in di Frajhajtsglokn!
Farsamlt di lajdende Knecht!
Un kempft bagajstert, un kemft unerschrokn,
Far ajere hejlike Recht!

4. Un aless wet lebn, un libn, un bli-en,
In frajen, in goldenem Maj!
Brider! Genug far Tiranen zu kni-en,
Schwert, as ir must wern fraj!

*1. Wie lang, o wie lang wollt ihr bleiben noch Sklaven*
*und tragen die schändliche Kette?*
*Wie lang wollt ihr glänzende Reichtümer schaffen,*
*für die, die euch rauben das Brot?*

*2. Wie lang wollt ihr stehn, euern Rücken gebeugt,*
*erniedrigt, heimatlos, verschmachtend?*
*Es tagt schon! Wacht auf und öffnet die Augen!*
*Fühlt eure eiserne Macht!*

*3. Läutet rundum die Freiheitsglocken!*
*Versammelt die leidenden Knechte!*
*Kämpft begeistert und kämpft unerschrocken*
*für eure heiligen Rechte!*

*4. Und alles wird leben und lieben und blühen,*
*im freien, im goldenen Mai!*
*Brüder! Genug vor Tyrannen gekniet!*
*Schwört, daß ihr euch befreit!*

Text: David Edelschtat (1866–1892);
Melodie von einem unbekannten Komponisten.

## Bürgerlied

2. Ob wir können präsidieren
oder müssen Akten schmieren,
ohne Rast und ohne Ruh;
ob wir just Collegia lesen
oder aber binden Besen:
Das tut, das tut nichts dazu.

3. Ob wir stolz zu Rosse reiten,
oder ob zu Fuß wir schreiten
fürbaß unserm Ziele zu;
ob uns Kreuze vorne schmücken
oder Kreuze hinten drücken:
Das tut, das tut nichts dazu.

4. Aber ob wir Neues bauen
oder Altes nur verdauen,
wie das Gras verdaut die Kuh;
ob wir in der Welt was schaffen
oder nur die Welt begaffen:
Das tut, das tut was dazu.

5. Ob im Kopfe etwas Grütze
und im Herzen Licht und Hitze,
daß es brennt in einem Nu;
oder ob wir hinter Mauern
stets im Dunkeln träge kauern:
Das tut, das tut was dazu.

6. Ob wir rüstig und geschäftig,
wo es gilt zu wirken kräftig,
immer tapfer greifen zu;
oder ob wir schläfrig denken:
„Gott wird's schon im Schlafe schenken!"
Das tut, das tut was dazu.

7. Drum ihr Bürger, drum ihr Brüder,
alle eines Bundes Glieder,
was auch jeder von uns tu –
alle, die dies Lied gesungen,
so die Alten wie die Jungen,
tun wir, tun wir was dazu!

Der Text (anonym 1845) fordert die Bürger auf, die Ideale der Französischen Revolution „Freiheit – Gleichheit – Brüderlichkeit" auch in Deutschland zu verwirklichen.
Melodie nach „Prinz Eugen, der edle Ritter" (Leipziger Handschrift 1719).

## Deutschland! Was im März errungen

2. Deutschland, deine Völker alle
ringen nach der Freiheit Glück,
doch nur mit der Fürsten Falle
blüht die Freiheit, Republik.
Stürzt der Fürst, so ist er Knecht,
und der Mensch hat gleiches Recht.

3. Reichet uns die Hand, Soldaten,
und sie stürzen ohne Blut,
die euch stets mit uns verraten,
diese Fürsten mit der Knut.
Bürger und Soldatenstand,
reicht für die Freiheit Hand in Hand!

4. Freiheit ist der Knechtschaft Schande,
Freiheit ist der Notdurft Qual,
frei ein Volk, das Herr im Lande
durch die Männer seiner Wahl.
Adel von Geburt und Geld
schwind auf ewig aus der Welt!

5. Hecker, Struve, hoch! Sie streiten
für das Volk mit Wort und Tat.
Ihr sollt unser Wohl bereiten,
euch vertrauen wir den Staat.
Hecker, Struve, Republik:
Unsre Freiheit, unser Glück!

6. Drum bedenket, ihr Soldaten,
wofür zieht ihr in den Streit?
Für die Herrn von Gottes Gnaden
euch zu rechnen stets bereit.
Ihr seid Bürger so wie wir –
sind wir frei, so seid's auch ihr!

Anonymes Flugblattlied von 1848.
Friedrich Hecker und Gustav Struve führten 1848 / 49 in Baden und in der Pfalz den Aufstand des Volkes gegen die Fürsten.

# Trotz alledem

2. Das ist der Wind der Reaktion
mit Mehltau, Reif und alledem!
Das ist die Bourgeoisie am Thron,
der annoch steht, trotz alledem!
Trotz alledem und alledem,
trotz Blutschuld, Trug und alledem,
er steht noch und er hudelt uns
wie früher fast, trotz alledem!

3. Die Waffen, die der Sieg uns gab,
der Sieg des Rechts trotz alledem,
die nimmt man sacht uns wieder ab,
samt Kraut und Lot und alledem!
Trotz alledem und alledem,
trotz Parlament und alledem,
wir werden unsre Büchsen los,
Soldatenwild, trotz alledem!

4. Doch sind wir frisch und wohlgemut
und zagen nicht trotz alledem!
Aus tiefer Brust des Zornes Glut,
die hält uns warm trotz alledem!
Trotz alledem und alledem,
es gilt uns gleich trotz alledem,
wir schütteln uns: Ein garst'ger Wind,
doch weiter nichts, trotz alledem!

5. Denn ob der Reichstag sich blamiert,
professorhaft, trotz alledem!
Und ob der Teufel reagiert
mit Huf und Horn und alledem!
Trotz alledem und alledem,
trotz Dummheit, List und alledem,
wir wissen doch: Die Menschlichkeit
behält den Sieg, trotz alledem!

6. So füllt denn nur der Mörser Schlund
mit Eisen, Blei und alledem:
wir halten uns auf unserm Grund,
wir wanken nicht trotz alledem,
trotz alledem und alledem!
Und macht ihr's gar, trotz alledem,
wie zu Neapel dieser Schuft:
das hilft erst recht, trotz alledem!

7. Nur was zerfällt, vertretet ihr!
Seid Kasten nur, trotz alledem!
Wir sind das Volk, die Menschheit wir!
Sind ewig drum, trotz alledem!
Trotz alledem und alledem,
so kommt denn an, trotz alledem!
Ihr hemmt uns, doch ihr zwingt uns nicht,
unser die Welt, trotz alledem!

Text: Ferdinand Freiligrath (Juni 1848, kurz vor der Niederschlagung der 48er Revolution); Melodie: schottische Volksweise aus dem 18. Jh.

## Der Geuse steht auf

2. Wir sagen Kampf euch an, ihr Inquisitoren!
Folter und Henkerbeil schrecken uns nicht!
Wir sind Rebellen, die Empörung hat geboren,
bald eure Macht wie Glas zerbricht.

Schlagt auf die Trommel...

3. Bitteres Wehgeschrei geht weit in die Runde,
laut um Vergeltung die Sterbenden flehn.
Mörder und Schinderknechte, bald schlägt eure Stunde,
wenn wir als Richter vor euch stehn.

Schlagt auf die Trommel…

Geusenlied aus dem 16. Jahrhundert. Nachdichtung: Walter Dehmel.

# Bergen op Zoom

2. Mutiges, blutiges, wütendes Schwert,
blitzender Stahl, Schlag auf Schlag, so daß die Funken stoben.
Bebendes Leben, die Erde zerbirst,
ächzend und wälzend das unterste nach oben.
Im Kanonendonner und Lärm,
bei der Erde Beben
mußten die spanischen Krieger und Herrn
hier ihr Blut hergeben.
Berg op Zoom, frei von Fron, wehr den span'schen Scharen!
Letzte Burg, deinen Strom woll'n wir treu bewahren!

3. Es steigen Oranier den Spaniern an Bord,
um mit verzweifeltem Mut den Angriff abzuwenden.
Spinola mit all seinen Herren kommt dort!
Aber es wird auch für ihn nicht glücklich enden.
Cordua flieht hasengleich;
was kann er denn noch gewinnen?
Don Velasco läuft ziellos und bleich;
er kann hier seinen Flachs nicht spinnen.[1])
Berg op Zoom, frei von Fron, wehr ...

1) spottendes Wortspiel auf die Namen ‚Velasco' und ‚Spinola' = ‚Flachs spinnen')

Geusenlied von Adrianus Valerius (1626).

Deutsche Fassung – sinngetreue Nachdichtung: Dirk Hespers.
Musikalische Bearbeitung: Dirk Hespers.
Am 3. Oktober 1622 befreiten die Geusen die von den Spaniern belagerte Stadt Bergen op Zoom.

Wilhelm von Oranien führte den Freiheitskampf der Niederlande gegen Spanien; er vereinigte die nördlichen Provinzen, die sich 1581 von Spanien lossagten. Mit der Befreiung der Stadt Bergen op Zoom hatte er direkt nichts zu tun, denn er wurde schon 40 Jahre vorher ermordet. Spinola, Cordua und Velasco waren spanische Heerführer.

# La Marseillaise

Französische Nationalhymne; ursprünglich „Le chant de guerre de l'armée du Rhin" benannt. Am 30. Juli 1792 wurde sie beim Einzug der Marseiller Förderierten in Paris gesungen, seither wird sie kurz „La Marseillaise" genannt.
Text von C. I. Rouget de l'Isle (1760 - 1836), revidiert durch F. J. Gossec (1734 - 1829); Melodie aus dem Oratorium „Esther" von J. B. L. Grison, in der heutigen Fassung zurechtgesungen.

Ferdinand Freiligrath (1810 - 1876) schrieb zur Melodie der Marseillaise einen deutschen Text mit dem Titel „Reveille" (= Weckruf):

## Reveille

1. Frischauf zur Weise von Marseille,
frischauf ein Lied mit hellem Ton!
Singt es hinaus als die Reveille
der neuen Revolution,
der neuen Revolution.
Der neuen, die mit Schwert und Lanze
die letzte Fessel bald zerbricht.
Der alten, halben singt es nicht!
Uns gilt die neue nur, die ganze!
Die neue Rebellion!
Die ganze Rebellion!
Marsch, marsch! Marsch, marsch!
Marsch! - wär's zum Tod!
Und unsre Fahn' ist rot!

2. Der Sommer reift des Frühlings Saaten,
drum folgt der Juni auf den März.
O Juni komm und bring uns Taten!
Nach frischen Taten lechzt das Herz!
Nach frischen Taten lechzt das Herz!
Laß deine Wolken schwarz sich ballen,
bring uns Gewitter Schlag auf Schlag!
Laß in die ungesühnte Schmach
der Rache Donnerkeile fallen!
Die neue Rebellion!...

3. An unsre Brust, an unsre Lippen,
der Menschheit Farbe, heil'ges Rot!
Wild schlägt das Herz uns an die Rippen.
Fort in den Kampf! Sieg oder Tod!
Fort in den Kampf! Sieg oder Tod!
Hurra, sie sucht des Feindes Degen!
Hurra, die ew'ge Fahne wallt!
Selbst aus der Wunden breitem Spalt
springt sie verachtend ihm entgegen!
Die neue Rebellion!…

## Wir sind des Geyers schwarzer Haufen

2. Als Adam grub und Eva spann, heia, oho!
Wo war denn da der Edelmann? Heia, oho! . . .

3. Wir woll'n nicht länger sein der Knecht, heijaho, ho!
Leibeigen, frönig, ohne Recht, heijaho, ho!

4. Geschlagen ziehen wir nach Haus, heia, oho!
Unsre Enkel fechten's besser aus. Heia, oho! . . .

*\) Florian Geyer war Führer im Bauernaufstand 1524/25.*

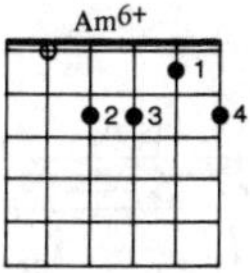


Text: Nur die zweite Strophe stammt aus der Zeit der Bauernkriege; die erste Strophe schrieb 1920 Godwin Grimm, die vierte 1921 Kurt Zacharias, die dritte kam 1838 durch Heinrich Reder hinzu. Melodie: überliefert.

# Bella ciao

1. Una mattina
Mi sono alzato,
O bella ciao . . .
Una mattina
Mi sono alzato,
E ho trovato l'invasor.

2. O partigiano
Portami via
O bella ciao . . .
O partigiano
Portami via
Qui mi sento di morir.

3. E se io muoio
O bella ciao . . .
E se io muoio
De partigiano
Tu mi devi seppelir.

4. Seppelire
Sulla montagna
O bella ciao . . .
Seppelire
Sulla montagna
Sotto l'ombra d'un bel fior.

5. E le genti
Che passeranno
O bella ciao . . .
E le genti
Che passeranno
Diranno o che bel fior.

6. E quest' é il fiore
Del partigiano
O bella ciao . . .
E quest' é il fiore
Del partigiano
Morto per la libertá!

*Übersetzung:*

*1. An einem Morgen*
*in aller Frühe,*
*o bella ciao . . .,*
*an einem Morgen*
*in aller Frühe*
*da trafen wir den Invasor.*

*2. Ihr Partisanen,*
*oh, nehmt mich mit euch,*
*o bella ciao . . .,*
*ihr Partisanen*
*oh, nehmt mich mit euch,*
*auch wenn ich weiß,*
*es ist mein Tod.*

*3. Und wenn ich sterbe*
*als Partisane,*
*o bella ciao . . .*
*und wenn ich sterbe*
*als Partisane,*
*dann legt mich hin*
*zur letzten Ruh.*

*4. Begrabt mich oben*
*in meinen Bergen,*
*o bella ciao . . .,*
*begrabt mich oben*
*in meinen Bergen,*
*pflanzt eine Blume*
*auf mein Grab.*

*5. Und alle Leute,*
*die dran vorbeigehn,*
*o bella ciao . . .,*
*und alle Leute,*
*die dran vorbeigehn,*
*die sehn die schöne Blume blühn.*

*6. Es ist die Blume*
*des Partisanen,*
*o bella ciao,*
*es ist die Blume*
*des Partisanen,*
*der für die Freiheit aller starb!*

Partisanenlied aus dem 2. Weltkrieg. Die Melodie geht auf eine alte Weise italienischer Baumwollpflückerinnen zurück. „bella ciao" bedeutet soviel wie Auf ein gutes Wiedersehen! Ciao wird ausgesprochen wie *tschau.*

# El Condor pasa

2. Der Morgen brennt, und aus den Bergen fällt der Schrei,
Schrei zum Kampf, auf das Land.
Und schwarze Panther stehn zum Sprung bereit, ah ja.
Überall liegt der Brand.
Zerhackt die Yankee-Gier nach Gold und Blut,
diese Gier wird nie satt.
Erst kann Frieden sein in jedem Land,
wenn man sie getötet hat.
Ah ja. El Condor pasa.

Daniel A. Robles/Jorge Milchberg. Deutscher Text: Franz Josef Degenhardt. Musik: nach einem alten Inkalied.

## Ermutigung

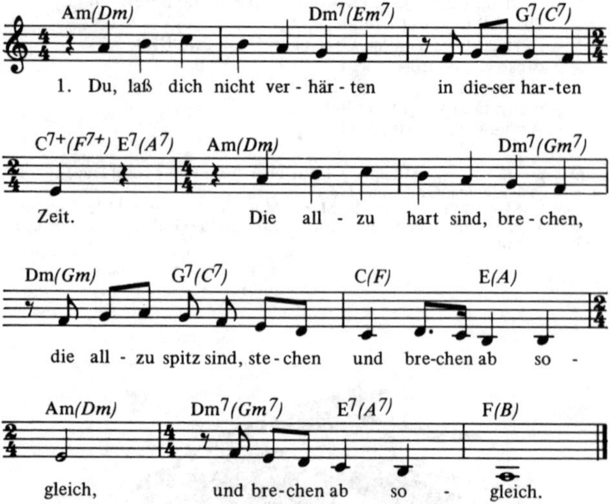


*Vor- und Nachspiel sowie Begleitmuster für Gitarre:*

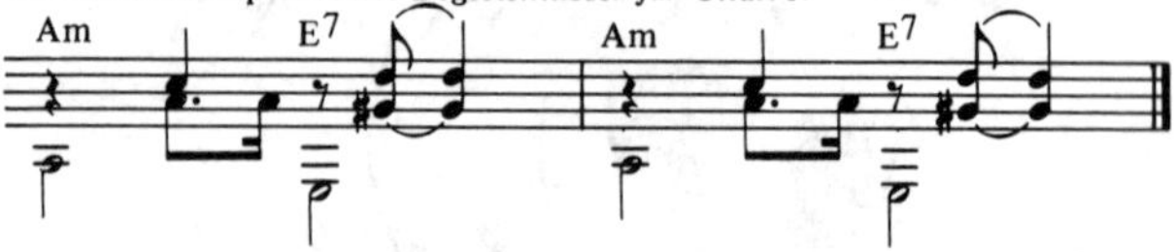


*(·) = alternative Tonart d-Moll.*

2. Du, laß dich nicht verbittern
in dieser bittren Zeit.
Die Herrschenden erzittern
– sitzt du erst hinter Gittern –
doch nicht vor deinem Leid.

3. Du, laß dich nicht erschrecken
in dieser Schreckenszeit.
Das wolln sie doch bezwecken,
daß wir die Waffen strecken
schon vor dem großen Streit.

4. Du, laß dich nicht verbrauchen,
gebrauche deine Zeit.
Du kannst nicht untertauchen,
du brauchst uns, und wir brauchen
grad deine Heiterkeit.

5. Wir wolln es nicht verschweigen
in dieser Schweigenszeit:
das Grün bricht aus den Zweigen,
wir wolln das allen zeigen,
dann wissen sie Bescheid.

Text und Melodie von Wolf Biermann 1968.
aus: „Nachlaß 1“ von Wolf Biermann


In diesem, dem Dichter Peter Huchel gewidmeten Lied verarbeitet Biermann die Erfahrungen aus der Zeit des „Prager Frühlings“ 1967/1968.

Der damalige Generalsekretär der kommunistischen Partei der ČSSR, Dubček, versuchte einen liberalen Kurs einzuschlagen. Die darauf gegründeten Hoffnungen der Bevölkerung wurden durch die militärische Intervention russischer und anderer Truppen des Warschauer Pakts am 21. August 1968 jäh zerschlagen.

# Sehet euch um!

2. Sehet euch um!
Ringsum feige Philister,
reaktionäre Minister,
Feinde ringsum!

3. Sehet euch um!
Schergen und Freiheitswürger
wider die friedlichen Bürger.
Feinde ringsum!

4. Brüder, glückauf!
Lieber für Freiheit sterben,
als in der Knechtschaft verderben!
Drauf! Immer drauf!

Text: August Heinrich Hoffmann von Fallersleben (gekürzt);
Melodie: K. L. T. Gläser (1791).

## Sacco und Vanzetti

2. Und der Schrei lief rund um die Welt.
Und im Kampf hat jeder gefühlt
diese Kraft, die hinter euch steht,
die Kraft der Solidarität.

3. Diese Kraft, Nicola und Bart,
sie ist heut mächtig und stark
und sie hat Millionen erfaßt,
wie blutig auch der Feind sie haßt.

4. Euer Kampf, Nicola und Bart,
und auch dein Kampf, Angela,
euer Kampf wird weitergehn,
weil hinter euch Millionen stehn.

5. Dieses Lied, Nicola und Bart,
ist für euch und Angela.
Hinter euch steht heute die Welt,
in der das Volk die Macht schon hält.

Text: Franz Josef Degenhardt; Musik: Ennio Morricone und Joan Baez.


Nicola Sacco und Bart Vanzetti waren zwei amerikanische Arbeiterführer italienischer Abstammung. Sie organisierten Streiks und Demonstrationen gegen kapitalistische Unternehmer. Man klagte sie wegen eines Mordes an, den sie nicht begangen hatten. Unschuldig wurden sie am 22.8.1927 hingerichtet.

# Robert-Blum-Lied

2. Robert Blum, er rasselt mit den Ketten,
kein deutscher Mann, der ihm zur Seite steht!
Des Henkers Knecht wohl in der Mitten,
er lieset ihm sein Todesurteil vor.

3. Er sprach: „Ich bin bereit zu sterben!
Geb gern mein Leben für euch alle hin!
Nur eines liegt mir schwer am Herzen:
es ist mein vielgeliebtes Weib und Kind!

4. Hier diesen Brief, ihn gebet meinem Freunde!
Hier diesen Ring dem vielgeliebten Weib!
Und diese goldne Uhr, die kleine,
die gebet Alfred, meinem jüngsten Sohn!"

5. Die erste Kugel traf ihn in die Schläfe,
die zweite seine Brust mit Ehr' und Ruhm,
und so erschossen sie den treuesten,
den deutschen Freiheitskämpfer Robert Blum.

Text und Melodie sind in verschiedenen Fassungen mündlich überliefert (seit 1849).

Robert Blum war einer der volkstümlichsten Vertreter der deutschen Volksbewegung in den 40er Jahren des 19. Jahrhunderts. 1848 wurde er in die Frankfurter Nationalversammlung gewählt, wo er als Führer der Linken galt. Als am 6. Oktober 1848 in Wien eine Volkserhebung ausbrach, reiste Blum als Mitglied einer Abordnung dorthin und nahm an den Kämpfen teil. Nachdem der Aufstand niedergeschlagen worden war, wurde Blum am 8. November verhaftet, ohne Rücksicht auf seine parlamentarische Immunität vor ein Standgericht gestellt, zum Tode verurteilt und am folgenden Morgen erschossen.

# Das Heckerlied

2. Wir wurden lang' genug beraten,
hinweg mit jedem feigen Rat!
Wir wollen Männer, wollen Taten,
und Hecker ist der Mann der Tat,
der kühn für Freiheit fechten kann:
Es lebe Hecker! Stoßet an!

3. Wollen nichts vom Frieden hören,
bis durchgekämpft der letzte Krieg,
wir lassen nie mehr uns betören,
die Losung bleibt: Tod oder Sieg!
Und wer mit Mut uns geht voran:
Es lebe Hecker! Stoßet an!

4. Die Scharen jener feigen Lumpen
verachten wir für alle Zeit,
die ihn geehrt bei vollen Humpen
und ihn verließen in dem Streit.
Des Volkes Acht wirft sie in Bann:
Es lebe Hecker! Stoßet an!

5. Die Freiheit ist noch nicht verloren;
bald in des Ruhmes Flammenschein
zieht er beim Fest geschmückter Tore
im Vaterlande wied'rum ein.
Und allerwärts ertönt es dann:
Es lebe Hecker! Stoßet an!

Text: Ludwig Schanz (1848); Melodie: anonym.

Friedrich Hecker (1811-1881) war seit 1842 Mitglied des Badischen Parlaments; er verließ 1847 den Landtag und forderte auf der Offenburger Versammlung eine Deutsche Republik. Der Aufstand, den er in Südbaden organisierte, mißlang. Hecker floh über die Schweiz nach Nordamerika. Er blieb ein Idol des Volkes und wurde in zahlreichen Liedern besungen.

## Andreas-Hofer-Lied

2. Die Hände auf dem Rücken Andreas Hofer ging
mit ruhig festen Schritten, ihm schien der Tod gering,
der Tod, den er so manchesmal
vom Iselberg geschickt ins Tal,
im heil'gen Land Tirol.

3. Doch als aus Kerkergittern im festen Mantua
die treuen Waffenbrüder die Händ' er strecken sah,
da rief er laut: „Gott sei mit euch,
mit dem verrat'nen deutschen Reich
und mit dem Land Tirol!"

4. Dem Tambour will der Wirbel nicht unterm Schlegel vor,
als nun Andreas Hofer schritt durch das finst're Tor.
Der Sandwirt, noch in Banden frei,
dort stand er fest auf der Bastei,
der Mann vom Land Tirol.

5. Dort soll er niederknien. Er sprach: „Das tu ich nit!
Will sterben, wie ich stehe, will sterben, wie ich stritt,
so, wie ich steh auf dieser Schanz.
Es leb mein guter Kaiser Franz,
mit ihm das Land Tirol!"

6. Und von der Hand die Binde nimmt ihm der Korporal,
Andreas Hofer betet allhier zum letztenmal.
Dann ruft er: „Nun, so trefft mich recht.
Gebt Feuer! - Ach, wie schießt ihr schlecht!
Ade, mein Land Tirol!"

Text von Julius Mosen (1831); Melodie von Leopold Knebelsberger (1844).

Andreas Hofer (1767-1810), Gastwirt aus dem Passeier Tal, war Anführer der Tiroler Volkserhebung von 1809. Er kämpfte auch dann noch weiter, als Österreich nach dem Frieden von Schönbrunn das Land Tirol aufgegeben hatte. Nach den Siegen im Eisacktal und am Berg Isel flüchtete er auf eine Almhütte, wo er durch Verrat festgenommen wurde. In Mantua wurde er hingerichtet.
Das Lied ist die Tiroler Landeshymne.

## Venceremos

D G7+ D D
1. Des - de el hon-do cri-sol de la Pa - tria se le - vanta el cla-
D7 G H7 Em A7 D
mor po-pu - lar, ya se a-nun-cia la nue-va labo-ra - da, to-do
E7 A A7 D G7+
Chi - le co-mien- ca a can-tar, Re-cor-dan - do al sol-da - do va -
D D D7 G H7
lien - te cu-yo ejem - plo lo hi-ciera immor-tal, en-fren-
Em A7 D Hm D/a A7
te - mos pri me - ro a la muer - te, trai-cio - nar a la Pa-tria, ja-
D D G D G
mas. Ven - ce - re - mos, ven - ce - re mos, mil ca-
D D7 G H7 Em Em7
de - nas ha-bra que rom-per, Ven - ce - re - mos, ven - ce -
1. Fism Hm E7 A A7
re - mos, la mi - se - ria sab-re - mos ven - cer. Ven-ce-

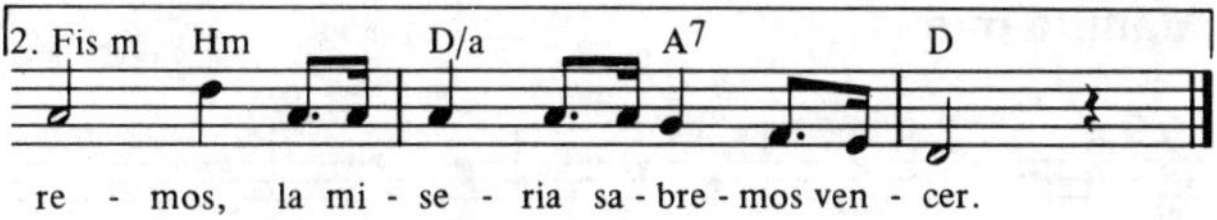


2. Campesinos, soldados, mineros,
la mujer de la Patria también,
estudiantes, empleados y obreros,
cumpliremos con nuestro deber.
Sembraremos las tierras de gloria,
socialista será el porvenir,
todos juntos seremos la Historia:
a cumplir, a cumplir, a cumplir.
Venceremos...

Text: Claudio Iturra; Musik: Sergio Ortega.


*Übersetzung:*

*1. Aus den Tiefen des Vaterlandes
erhebt sich die Stimme des Volkes,
der neue Sonnenaufgang kündigt sich an,
und ganz Chile fängt an zu singen.
Wir denken an den tapferen Soldaten,
der durch seinen Mut unsterblich wurde,
dem Tod sehen wir mutig ins Auge,
aber das Vaterland verraten – niemals!
Venceremos, venceremos,
tausend Ketten müssen wir sprengen.
Venceremos, venceremos,
das Elend werden wir besiegen.*

*2. Bauern, Soldaten, Bergleute
und auch die Frauen des Vaterlandes,
Studenten, Angestellte und Arbeiter,
laßt uns unsere Pflicht erfüllen.
Wir werden das Land mit Ruhm übersäen,
unsere Zukunft liegt im Sozialismus,
alle zusammen werden wir in die Geschichte eingehen:
auf zur Tat, auf zur Tat, auf zur Tat!
Venceremos...*

## Mamita mia

2. Wer hat denn diese Herren,
mamita mia,
so schlecht beraten?

3. Madrid, dich Wunderbare,
mamita mia,
dich wollen sie nehmen.

4. Doch deiner treuen Söhne,
mamita mia,
brauchst dich nicht zu schämen.

5. Denn alle deine Tränen,
mamita mia,
die werden wir rächen.

6. Und alle unsre Knechtschaft,
mamita mia,
die werden wir brechen.



Der Text entstand 1936, als vier rechtsradikale Generale gegen die spanische Republik putschten. „Mamita mia" bedeutet die Stadt Madrid als die Mutter Spaniens. Ernst Busch brachte das Lied nach Deutschland. Die Melodie geht zurück auf das spanische Volkslied „De los cuatro muleros" („Die vier Maultiertreiber").

# Ev'rybody loves Saturday night

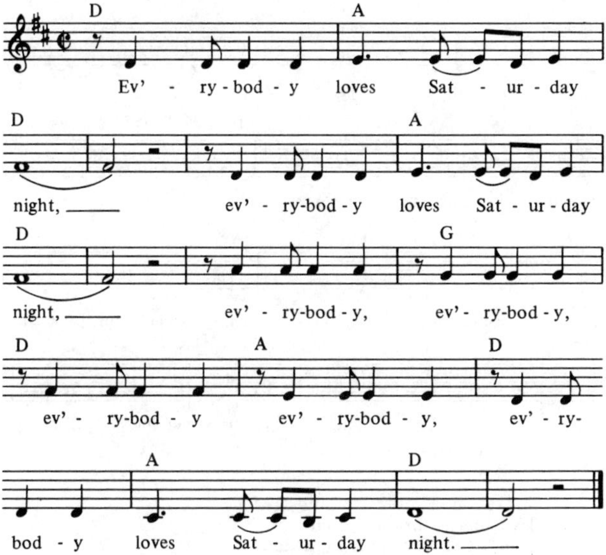


Jedermann liebt den Samstagabend.  
Bobo waro fero Sato deh (nigerianisch).  
Tout le monde aime Samedi soir (französisch).  
Vsiem nravista subbota vietcheram (russisch).  
Ren ren si huan li pai lu (chinesisch).

Text und Melodie: anonym aus Nigeria.

Während der Kolonialzeit verhängte die britische Regierung in den westafrikanischen Ländern eine Ausgangssperre für die afrikanische Bevölkerung, mit Ausnahme einiger Stunden am Wochenende. Damals entstand dieses Lied, das bald allgemein gesungen wurde. Schließlich wurde die Sperre tatsächlich aufgehoben. Der kanadische Sänger Perry Friedman machte das Lied in der Bundesrepublik bekannt.

## Lied der Gefangenen

2. Geht nur immer auf und nieder.
Ewig haltet ihr mich nicht.
Kämpfend siegen meine Brüder,
o bald, o bald,
führen wieder mich ans Licht.

Text: Maxim Gorki (aus „Nachtasyl“, 1902);
Melodie nach einem russischen Volkslied.

# Lied aus dem Lager Neuengamme

2. Unser Banner ist der Spaten,
„Teure Heimat“ Feldgeschrei.
Keine Träne, stets den Kopf hoch,
Konzentrationär, auch du wirst frei!

3. Worte fron hat uns geschmiedet,
zäher Wille ist erwacht,
denn die Jahre, die vergangen,
haben hart und eisern uns gemacht.

4. Früh am Morgen geht’s zur Arbeit,
ob nach Klinker oder Elb’;
Dreck, Morast, und Schlamm und Kohldampf –
doch das Lied bleibt Tag für Tag dasselb’.

5. Hört ihr nicht den Ruf der Heimat
beim Appell die Namen schrei’n?
Leuchtend kommt auch euch die Freiheit,
Mütter, eure Söhne kehren heim!

Text: unbekannter Verfasser (1943/44); Melodie: „Fern bei Sedan“.

„Klinker“ und „Elb’“ bezieht sich auf zwei Arbeitskommandos des Konzentrationslagers Neuengamme.

# Wer jetzig Zeiten leben will

*(·) = alternative Tonart für tiefere Stimmen E-Dur.*

2. Geld nur regiert die ganze Welt,
dazu verhilft Betrügen;
wer sich sonst noch so redlich hält,
muß doch bald unterliegen.
Rechtschaffen hin, rechtschaffen her,
das sind nur alte Geigen:
Betrug, Gewalt und List vielmehr,
klag du, man wird dir's zeigen.

3. Doch wie's auch kommt, das arge Spiel,
behalt ein tapfres Herze,
und sind der Feind auch noch so viel,
verzage nicht im Schmerze!
Steh gottgetreulich unverzagt
in deiner blanken Wehre:
Wenn sich der Feind auch an uns wagt,
es geht um Gut und Ehre!

Text und Melodie aus dem 17. Jh.

## Die Gedanken sind frei

2. Ich denke, was ich will und was mich beglücket,
doch alles in der Still' und wie es sich schicket.
Mein Wunsch und Begehren kann niemand verwehren.
Es bleibet dabei: Die Gedanken sind frei!

3. Und sperrt man mich ein im finsteren Kerker,
das alles sind rein vergebliche Werke,
denn meine Gedanken, sie reißen die Schranken
und Mauern entzwei. Die Gedanken sind frei!

4. Ich liebe den Wein, mein Mädchen vor allen,
sie tut mir allein am besten gefallen.
Ich bin nicht alleine bei meinem Glas Weine,
mein Mädchen dabei: Die Gedanken sind frei!

5. Drum will ich auf immer den Sorgen entsagen
und will mich auch nimmer mit Grillen mehr plagen.
Man kann ja im Herzen stets lachen und scherzen
und denken dabei: Die Gedanken sind frei!

Text und Melodie aus Süddeutschland und der Schweiz (um 1800)

Wann wir
schreiten
Seit an Seit...

# Wehrt euch

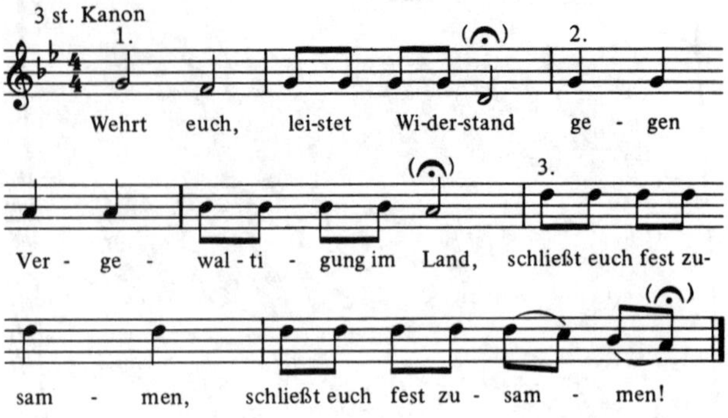


Text: anonym; Melodie aus England.

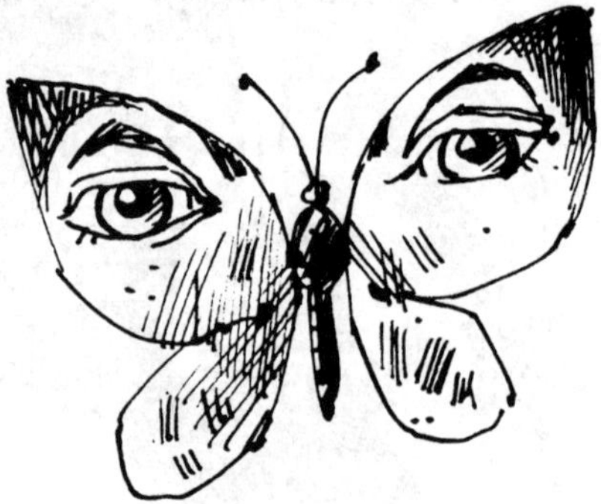

## Wann wir schreiten Seit' an Seit'

2. Einer Woche Hammerschlag,
einer Woche Häuserquadern
zittern noch in unsern Adern;
aber keiner wagt zu hadern!
Herrlich lacht der Sonnentag!

3. Birkengrün und Saatengrün:
Wie mit bittender Gebärde
hält die alte Mutter Erde,
daß der Mensch ihr eigen werde,
ihm die vollen Hände hin.

4. = 1.

Text: Hermann Claudius (1915); Musik: Michael Englert (1916).

## Bundeslied

2. Und du ackerst und du säst,
und du nietest und du nähst,
und du hämmerst und du spinnst –
sag, o Volk, was du gewinnst!

3. Wirkst am Webstuhl Tag und Nacht,
schürfst im Erz- und Kohlenschacht,
füllst des Überflusses Horn,
füllst es hoch mit Wein und Korn.

4. Doch wo ist dein Mahl bereit?
Doch wo ist dein Feierkleid?
Doch wo ist dein warmer Herd?
Doch wo ist dein scharfes Schwert?

5. Alles ist dein Werk! o sprich,
alles, aber nichts für dich!
Und von allem nur allein,
die du schmiedst, die Kette, dein?

6. Kette, die den Leib umstrickt,
die dem Geist die Flügel knickt,
die am Fuß des Kindes schon
klirrt – o Volk, das ist dein Lohn.

7. Was ihr hebt ans Sonnenlicht,
Schätze sind es für den Wicht;
was ihr webt, es ist der Fluch
für euch selbst - ins bunte Tuch.

8. Was ihr baut, kein schützend Dach
hat's für euch und kein Gemach;
was ihr kleidet und beschuht,
tritt auf euch voll Übermut.

9. Menschenbienen, die Natur
gab sie euch den Honig nur?
Seht die Drohnen um euch her!
Habt ihr keinen Stachel mehr?

10. Mann der Arbeit, aufgewacht!
Und erkenne deine Macht!
Alle Räder stehen still,
wenn dein starker Arm es will.

11. Deiner Dränger Schar erblaßt,
wenn du, müde deiner Last,
in die Ecke lehnst den Pflug,
wenn du rufst: es ist genug!

12. Brecht das Doppeljoch entzwei!
Brecht die Not der Sklaverei!
Brecht die Sklaverei der Not!
Brot ist Freiheit, Freiheit Brot!

Georg Herwegh dichtete das Lied 1864 für den Allgemeinen Deutschen Arbeiterverein, der im Jahr zuvor gegründet worden war.
Melodie: Peter Heinz.

## Die Internationale

2. Es rettet uns kein höh'res Wesen,
kein Gott, kein Kaiser noch Tribun.
Uns aus dem Elend zu erlösen,
können wir nur selber tun!
Leeres Wort: Des Armen Rechte!
Leeres Wort: Des Reichen Pflicht!
Unmündig nennt man uns und Knechte!
Duldet die Schmach nun länger nicht!
Völker, hört die Signale!...

3. In Stadt und Land, ihr Arbeitsleute,
wir sind die stärkste der Partei'n.
die Müßiggänger schiebt beiseite!
Diese Welt muß unser sein!
Unser Blut sei nicht mehr der Raben
und der nächt'gen Geier Fraß!
Erst wenn wir sie vertrieben haben,
dann scheint die Sonn' ohn' Unterlaß!
Völker, hört die Signale!...

Text: Eugène Pottier; deutscher Text: Emil Luckhardt;
Musik: Pierre Degeyter.


Eugène Pottier war Dichter und Mitkämpfer der Pariser Kommune. Nach deren Zusammenbruch schrieb er die Verse auf der Flucht. 17 Jahre später stieß der Leiter eines Arbeitergesangvereins, Pierre Chrétien Degeyter auf den Text und vertonte ihn für seinen Chor. Mitte der 90er Jahre wurde die Internationale auch in Deutschland bekannt und sofort verboten. Trotzdem setzte sie sich wie hier so in der ganzen Welt als Freiheitshymne der Arbeiterbewegung durch.

# Solidaritätslied

2. Schwarzer, Weißer,
Brauner, Gelber!
Endet ihre Schlächterein!
Reden erst die Völker selber
werden sie schnell einig sein.
Vorwärts und nicht vergessen…

3. Wollen wir es schnell erreichen,
brauchen wir noch dich und dich.
Wer im Stich läßt seinesgleichen,
läßt ja nur sich selbst im Stich.
Vorwärts und nicht vergessen…

4. Unsre Herrn, wer sie auch seien,
sehen unsre Zwietracht gern,
denn solang sie uns entzweien
bleiben sie doch unsre Herrn.
Vorwärts und nicht vergessen…

5. Proletarier aller Länder
einigt euch und ihr seid frei.
Eure großen Regimenter
brechen jede Tyrannei!
Vorwärts und nie vergessen
und die Frage konkret gestellt
beim Hungern und beim Essen:
Wessen Morgen ist der Morgen?
Wessen Welt ist die Welt?

Text: Bertolt Brecht; Musik: Hanns Eisler.
Mit Genehmigung des VEB Edition Peters, Leipzig.

Aus: Gesammelte Werke, Suhrkamp Verlag, Frankfurt am Main 1967.

## Das Blutgericht

2. Hier wird der Mensch langsam gequält,
hier ist die Folterkammer,
hier werden Seufzer viel gezählt
als Zeugen von dem Jammer.

3. Die Herren Zwanziger die Henker sind,
die Dierig ihre Schergen.
Davon ein jeder tapfer schindt't,
anstatt was zu verbergen.

4. Ihr Schurken all, ihr Satansbrut,
ihr höllischen Dämone,
ihr freßt der Armen Hab und Gut,
und Fluch wird euch zum Lohne.

5. Ihr seid die Quelle aller Not,
die hier den Armen drücket,
ihr seid's, die ihm das trockne Brot
noch von dem Munde rücket.

6. Was kümmert's euch, ob arme Leut
Kartoffeln satt könn' essen,
wenn ihr nur könnt zu jeder Zeit
den besten Braten fressen.

7. Kommt nun ein armer Weber an,
die Arbeit wird besehen,
find't sich ein kleiner Fehler dran,
wird's ihm gar schlecht ergehen.

8. Hier hilft kein Betteln und kein Flehn,
umsonst ist alles Klagen.
„Gefällt's euch nicht, so könnt ihr gehn,
am Hungertuche nagen."

9. Nun denke man sich diese Not
und Elend dieser Armen.
Zu Haus oft keinen Bissen Brot.
Ist das nicht zum Erbarmen?

10. Erbarmen, ha! Ein schön Gefühl,
euch Kannibalen fremde.
Ein jedes kennt schon euer Ziel,
's ist der armen Haut und Hemde.

Text: anonym; Melodie: nach „Es liegt ein Schloß in Österreich".

Zwanziger und Dierig waren Textilfabrikanten in Langenbielau. Durch ihre Ausbeutermethoden wurde der Weberaufstand im Juni 1844 wesentlich ausgelöst. Der Aufstand wurde durch Militär blutig niedergeschlagen, wobei auch Frauen und Kinder getötet wurden.

## Wem klag ich armer Bauer mein' Not

2. Vor Zeiten war ich ein wackerer Bue,
war keiner meinesgleichen;
jetzt hab ich ja kein Augenblick Ruh,
das Glück von mir will weichen.
In Schulden steck ich,
das kränket oft mich,
darf mich nicht lassen blicken.

3. Wann ich nur über Gassen tu gehn,
so bin ich gleich in Sorgen,
voraus wann mich die Schuldner ersehn,
gleich wollen sie mich worgen;
oft seind sie bös
und geben mir Stöß,
und wollen mir nicht borgen.

4. Ich tröst sie zwar, gib ihnen B'scheid,
komm nur in vierzehn Tagen,
ich will dir geben ein viertel Getreid;
jetzt hab ich keins aufg'schlagn;
da bin ich ein Zeit
von ihnen befreit,
doch laßt euch weiter sagen.

5. Und wann die Zeit verloffen ist schier,
da kommen sie mit Säcken,
und stellen sich vor meine Haustür,
mit ihren langen Stecken;
ja, wann ich schon hätt
's Haus voller Gedräht
so würd es mir nicht klecken.

6. Ich, leider!, hab kein Körnlein im Haus,
und hab auch keins in baren,
vor Hunger sterben Katz und Maus,
der Hund tut immer marren;
die Kinder um Brot
schier schreien sich tot,
mich dauren oft die Narren.

7. Hab noch zwei Pferd, ist keines nichts nutz,
das ein ist hart affg'schwellet;
das andre ist ein winziger Butz,
wann man's in Acker stellet;
wann ich es anspann,
so muß ich Sorg han,
ob's mir nicht gar umfället.

8. Nächst hatt ich ein paar Hühner im Hof,
auf meiner Mistung laufen,
dies ein Soldat erblicket, und loff,
schoß beide übern Haufen;
er nahm sie mit fort,
ich sagte kein Wort,
fürcht, er mögt mit mir raufen.

9. Was ist nun Rats? Was ist da zu tun?
Es wird sich doch noch zeigen;
ich hoff das best: mögt ändern sich nun,
bin darum kein Feiger:
das einzig ist g'west,
so mich bis her tröst,
es seind noch mehr mein's gleichen.

Bauernklage um 1750 (gekürzt).

## Die schlesischen Weber

Im düstern Auge keine Träne,
sie sitzen am Webstuhl und fletschen die Zähne:
„Deutschland, wir weben dein Leichentuch,
wir weben hinein den dreifachen Fluch -
Wir weben, wir weben!

Ein Fluch dem Gotte, zu dem wir gebeten
in Winterskälte und Hungersnöten;
wir haben vergebens gehofft und geharrt,
er hat uns geäfft und gefoppt und genarrt -
Wir weben, wir weben!

Ein Fluch dem König, dem König der Reichen,
den unser Elend nicht konnte erweichen,
der den letzten Groschen von uns erpreßt
und uns wie Hunde erschießen läßt -
Wir weben, wir weben!

Ein Fluch dem falschen Vaterlande,
wo nur gedeihen Schmach und Schande,
wo jede Blume früh geknickt,
wo Fäulnis und Moder den Wurm erquickt -
Wir weben, wir weben!

Das Schiffchen fliegt, der Webstuhl kracht,
wir weben emsig Tag und Nacht -
Altdeutschland, wir weben dein Leichentuch,
wir weben hinein den dreifachen Fluch,
Wir weben, wir weben!“

Heinrich Heine (1853).

## Take this hammer

2. If he ask you was I runnin',
Tell him I's flyin', tell him I's flyin'.

3. If he ask you was I laughin',
Tell him I was cryin', tell him I was cryin'.

4. I don't want no cold iron shackles,
Around my leg, around my leg.

5. I don't want no cornbread and molasses,
They hurt my pride, they hurt my pride.

6. I'm go'n' make these few days I started,
Then I'm goin' home, then I'm goin' home.

Traditional aus USA.

Negersklaven sangen dieses Lied zur Arbeit. Bei jedem „uh" wurde ein Schlag ausgeführt.

# Üb immer Treu und Redlichkeit

2. Dann wirst du, wie auf grünen Au'n,
durchs Pilgerleben gehn;
dann kannst du, sonder Furcht und Graun,
dem Tod ins Auge sehn.

3. Dem Bösewicht wird alles schwer,
er tue was er tu;
der Teufel treibt ihn hin und her
und läßt ihm keine Ruh.

4. Der Wind im Hain, das Laub im Baum
saust ihm Entsetzen zu;
er findet nach des Lebens Traum
im Grabe keine Ruh.

5. Dann muß er in der Geisterstund
aus seinem Grabe gehn.
Und oft, als schwarzer Kettenhund,
vor seiner Haustür stehn.

6. Der alte Kunz war bis ans Grab
ein rechter Höllenbrand:
Er pflügte seinem Nachbar ab
und stahl ihm vieles Land.

7. Nun pflügt er als ein Feuermann
auf seines Nachbars Flur
und mißt das Feld hinab hinan
mit einer glühnden Schnur.

8. Er brennet, wie ein Schober Stroh,
dem glühnden Pfluge nach
und pflügt und brennet lichterloh
bis an den hellen Tag.

9. Der Amtmann, der die Bauern schund,
in Wein und Wollust floß,
trabt nachts, mit seinem Hühnerhund
im Wald auf glühndem Roß.

10. Oft geht er auch am Knotenstock
als rauher Brummbär um
und meckert oft als Ziegenbock
im ganzen Dorf herum.

11. Der Pfarrer, der aufs Tanzen schalt
und Filz und Wuchrer war,
steht nachts als schwarze Spukgestalt
um zwölf Uhr am Altar.

12. Paukt dann mit dumpfigem Geschrei
die Kanzel, daß es gellt,
und zählet in der Sakristei
sein Beicht- und Opfergeld.

13. Der Junker, der bei Spiel und Ball
der Witwen Habe fraß,
kutschiert, umbraust von Seufzerhall,
zum Fest des Satanas.

14. Im blauen Schwefelflammenrock
fährt er zur Burg hinauf.
Ein Teufel auf dem Kutschenbock,
zwei Teufel hinten auf.

15. Sohn, übe Treu und Redlichkeit
bis an dein kühles Grab,
und weiche keinen Finger breit
von Gottes Wegen ab!

16. Dann suchen Enkel deine Gruft
und weinen Tränen drauf;
und Sommerblumen, voll von Duft
blühn aus den Tränen auf.

Text von L. Ch. H. Hölty (1748–1776), leicht gekürzt;
Melodie von Wolfgang Amadeus Mozart (a. d. Oper „Die Zauberflöte“, 1791).

Dieses Lied, das scheinbar zu bürgerlichem Wohlverhalten ermahnt, enthält sozialkritische Texte, die 200 Jahre lang unterdrückt worden waren.

# Es ist ein Schnitter

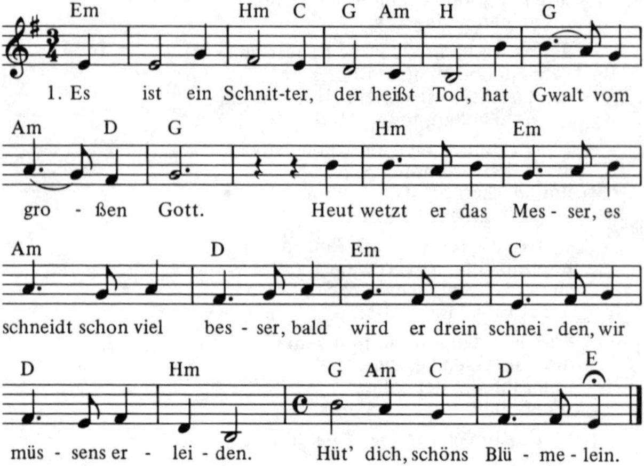


2. Was heut' noch grün und frisch dasteht,
wird morgen weggemäht:
die edlen Narzissel,
die englischen Schlüssel,
die schön' Hyazinthen,
und türkischen Winden.
Hüt' dich, schöns Blümelein!

3. Viel hunderttausend sind ungezählt,
was unter die Sichel fällt:
ihr Rosen, ihr Lilien,
euch wird er austilgen,
auch die Kaiserkronen
wird er nicht verschonen.
Hüt' dich, schöns Blümelein!

4. Ihr hübsch Lavendel, Rosmarein,
ihr farbigen Röselein,
ihr stolzen Schwertlilien,
ihr krausen Basilien,
ihr zarten Violen,
man wird euch bald holen.
Hüt' dich, schöns Blümelein!

5. Aus Seiden ist der Fingerhut,
aus Sammet das Wohlgemuth,
noch ist er so blind,
nimmt was er nur findt,
kein Sammet, kein Seiden
mag ihn vermeiden.
Hüt' dich, schöns Blümelein!

6. So viel Maßlieb und Rosmarin
schwellt unter der Sichel hin,
Vergißmeinnit,
du mußt auch mit,
und du Tausendschön,
man läßt dich nit stehn.
Hüt' dich, schöns Blümelein!

7. Er macht so gar kein Unterschied,
geht alles in einem Schritt,
der stolz' Rittersporn,
die Blumen im Korn,
da liegen's beisammen,
man weiß kaum den Namen.
Hüt' dich, schöns Blümelein!

8. Trutz, Tod! Komm her! Ich fürcht' dich nit!
Trutz! Eil daher in einem Schritt!
Werd' ich nur verletzet,
so werd' ich versetzet
in' himmlischen Garten,
auf den wir all' warten.
Hüt' dich, schöns Blümelein!

Text nach einem „fliegenden Blatt" aus dem Dreißigjährigen Krieg, 1638; Melodie aus demselben Jahr von Jacob Balde.

Der politische und soziale Aspekt des Liedes ist unverkennbar: Verdeckt durch Blumennamen wird den Herrschern, den Reichen und Schönen klargemacht, daß vor dem Tod nichts Bestand hat.

# Ich bin ein guter Untertan

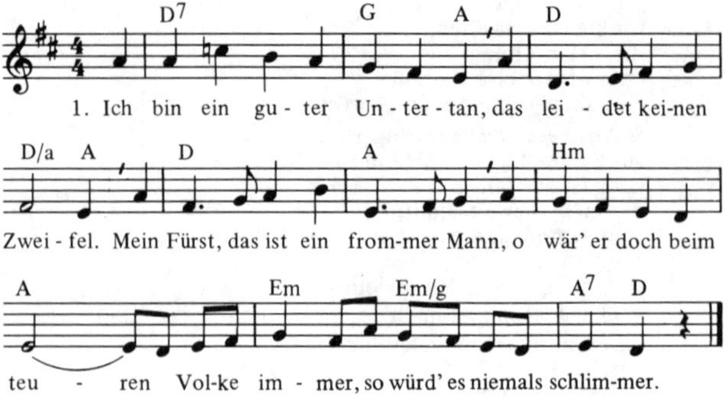


2. Wir haben ihn wohl oft betrübt,
doch nimmermehr belogen.
Er sagte, daß er uns geliebt,
und hat uns doch betro-ffen oft auf Taten,
die er uns nicht geraten.

3. Die Staatsbeamten taten recht,
sie wahrten seine Rechte,
und der war ihm der liebste Knecht,
der sich recht viel erfre-eulich zu uns neigte,
und Mitleid uns bezeugte.

4. Den Schwur, so er geleistet hat,
Erfüllung alles dessen,
was seine Pflicht an Gottes Statt,
den hat er ganz verge-bens halten wollen,
es hat nicht glücken sollen.

5. Du Polizei, die dazu da,
das wilde Volk zu zügeln,
dich möchte ich nur einmal ja,
so recht von Herzen prü-fen und dich fragen,
wer über dich könnt' klagen.

6. Ihr Ritter des Philistertums
und ihr, gelehrte Raben
am Friedenshof des Altertums,
o, laßt euch doch begr-eiflich alle machen,
wie sehr wir euch bewachen.

7. Ihr Mönche, vornehm, schwarz und weiß,
das Volksglück, das verpuffte,
wird eurer steten Mühe Preis,
denn ihr seid große schu-lgerechte Lehrer
und fleißige Bekehrer.

8. Ihr Stolzen, ihr im deutschen Land
vom Rheine bis nach Polen,
ihr seid mir durch und durch bekannt,
euch soll der Kuckuck ho-hes Alter melden,
euch weisen Friedenshelden.

Text: Adolf Glaßbrenner (1810–1876); Melodie überliefert.

Adolf Glaßbrenner gilt als Begründer der humoristisch-satirischen Berliner Volksliteratur. Immer wieder kam er mit der Zensur in Konflikt und erhielt schließlich als Journalist Berufsverbot. In dem vorstehenden Lied gelang es ihm, die Wahrheit über die gesellschaftlichen Zustände zu verdeutlichen, ohne sie direkt auszusprechen.

## Verzeihlich?

1. Ja, verzeihlich ist der Großen
Übermut und Tyrannei,
denn zu groß und niederträchtig
ist des Deutschen Kriecherei.
Sieht ein Deutscher seines Fürsten
höchsterbärmlich schlechten Hund,
tut er gleich in schönen Worten
seine Viehbewundrung kund.

2. Sieht ein Deutscher seines Fürsten
altersschwaches steifes Pferd,
ist er freudig doch ergriffen
von des Gaules früherm Wert.
Sieht ein Deutscher seines Fürsten
allerältstes Hoffräulein,
denkt er, eine Bürgertochter
könne doch so schön nicht sein.

3. Sieht ein Deutscher seines Fürsten
jämmerlichsten Kammerherrn,
steht er still und grüßt in Ehrfurcht,
und er sieht ihm nach von fern.
Sieht er nun den Fürsten selber,
o, wie ist er dann entzückt!
Wenn Durchlaucht ihn wieder grüßet,
nun, dann ist er fast verrückt.

4. Er erzählt dann allen Menschen,
welche Gnad ihm widerfuhr,
daß Durchlaucht ihn hat gewürdigt
mehr als eines Blickes nur.
Er erzählet Kindeskindern:
Ja, ich habe ihn gesehn!
Und bei Gott! nun kann ich ruhig,
ruhig in die Grube gehn.

Der Text stammt von demselben August Heinrich Hoffmann von Fallersleben (1798–1874), der das „Deutschlandlied" dichtete. Auch diese Verse unterlegte er der bekannten Melodie von Joseph Haydn aus dem sog. Kaiserquartett (1797).

## Hütet euch vor Liberalen

2. Hütet euch vor Liberalen,
jene blassen, jene fahlen,
die in Zeitung und Journalen
philosophisch sich ergehn:
Aber bei des Bettlers Schmerzen,
weisheitsvoll, mit kaltem Herzen,
ungerührt vorübergehn.

3. Hütet euch vor Liberalen,
die bei schwelgerischen Mahlen,
bei gefüllten Festpokalen
Turm der Freiheit sich genannt.
Und die doch um einen Titel
Zensor werden, oder Büttel
oder gar ein Denunziant.

Text: Robert Prutz (1816–1872); Melodie: Gerhard Buchner.

## Die hab' ich satt

2. Und sagt mir mal: Wozu ist gut
die ganze Bürokratenbrut?
sie wälzt mit Eifer und Geschick
dem Volke über das Genick
der Weltgeschichte großes Rad.
– Die hab ich satt!

3. Was haben wir denn an denen verlorn:
an diesen deutschen Professorn,
die wirklich manches besser wüßten,
wenn sie nicht täglich fressen müßten.
Beamte! Feige! Fett und platt!
– Die hab ich satt!

4. Die Lehrer, die Rekrutenschinder,
sie brechen schon das Kreuz der Kinder.
Sie pressen unter allen Fahnen
die idealen Untertanen:
gehorsam – fleißig – geistig matt.
– Die hab ich satt!

5. Die Dichter mit der feuchten Hand
dichten zugrund das Vaterland.
Das Ungereimte reimen sie,
die Wahrheitssucher leimen sie.
Dieses Pack ist käuflich und aalglatt.
– Die hab ich satt!

6. Der legendäre Kleine Mann,
der immer litt und nie gewann,
der sich gewöhnt an jeden Dreck,
kriegt er nur seinen Schweinespeck
und träumt im Bett vom Attentat
– den hab ich satt!

7. Und überhaupt ist ja zum Schrei'n
der ganze deutsche Skatverein,
dies dreigeteilte deutsche Land.
Und was ich da an Glück auch fand,
das steht auf einem andern Blatt.
– Ich hab es satt!

Text und Musik: Wolf Biermann.
Aus: „Nachlaß 1“ von Wolf Biermann.

## Ein neues Stücklein mit alter Weise

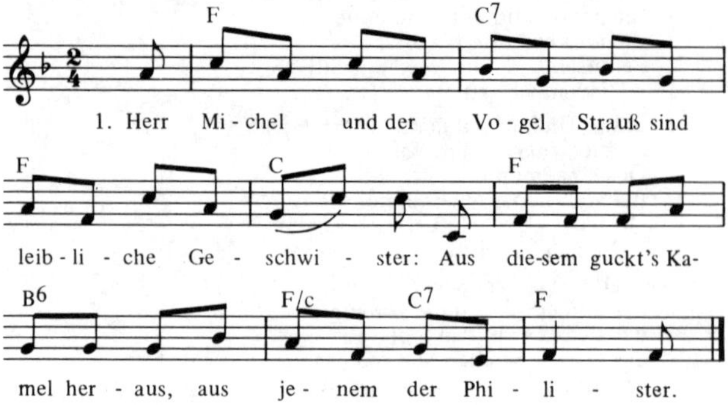


2. Sie flögen gern und könnten's auch,
die Schwingen sind gegeben,
doch bleiben sie nach altem Brauch
fein an der Erde kleben.

3. Der eine birgt den Kopf im Sand
und läßt den Steiß sich blasen,
der andre wühlt sich mit Verstand
in Bücher ein und Phrasen.

4. Sie lassen alle beide sich
von einem Kinde leiten,
das spornt und treibt sie ritterlich
und lacht, ich will euch reiten.

5. Und was der Strauß für einen Wanst
besitzt und welchen Magen!
Nur du, mein deutscher Michel, kannst
und mußt noch mehr vertragen!

Text: Franz Dingelstedt (1814–1881);
Melodie nach dem Volkslied „Ein Vogel wollte Hochzeit machen".

## Es geht ein' dunkle Wolk' herein

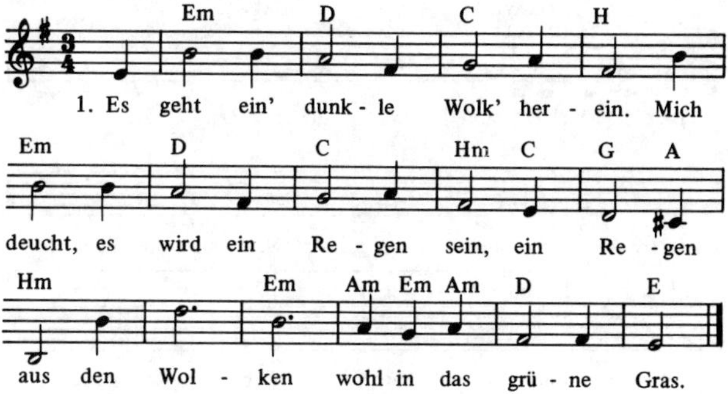


2. Und kommst du, liebe Sonn, nit bald,
so weset alls im grünen Wald,
und all die müden Blumen,
die haben müden Tod.

3. Es geht ein' dunkle Wolk' herein,
es soll und muß geschieden sein;
ade, Feinslieb, dein Scheiden
macht mir das Herze schwer.

Erste Strophe und Melodie aus Johann Werlins Liederhandschrift 1646. Das Lied entstand in dieser Form während des Dreißigjährigen Krieges, geht jedoch auf ein älteres zurück, das in abweichender Fassung bereits in der Quodlibet-Sammlung des Schulmeisters Wolfgang Schmelzel 1544 enthalten ist. Die „dunkle Wolke" kann als Bedrohung durch Krieg und Tod gedeutet werden. Die zweite und dritte Strophe wurden später hinzugefügt. Das Lied hat auch angesichts der fortschreitenden Zerstörung der Umwelt eine beklemmende Aktualität.

## Kein schöner Land

2. Da haben wir so manche Stund'
gesessen da in froher Rund'
und taten fluchen
und nichts versuchen,
wir braven Leut',

3. Ob wir uns hier in diesem Tal
noch treffen so viel hundert Mal,
wer mag das sagen,
wenn wir nichts wagen,
wir braven Leut'.

4. Nun, Brüder, eine gute Nacht,
der Landesvater, ja der wacht
in seiner Güten,
uns zu behüten,
wie er da lacht.

Mündlich überlieferte Parodie des bekannten Volksliedes.

# Wir träumen einen Traum

2. Wir träumen einen Traum, und wenn auch alle mahnen,
wir träumen einen Traum von einer bessern Welt.
Da sind die Helden mangelhaft, da sind die Eichen angesägt,
da ist die Wahrheit nicht gezinkt, da ist das Leben schön.

3. Wir träumen einen Traum und schenken ihm das Leben,
wir träumen einen Traum und machen uns die Welt.
Da ist der Mensch dem Menschen gleich, da ist der Christus ganz aus Fleisch,
da ist die Auferstehung wahr, da ist das Leben schön.

Text: Günter Hildebrandt; Musik: Peter Janssens.
Aus: Leben wird es geben, Telgte 1975.

## Wir sind Kinder einer Erde

2. Einer prasse, die andern zahlen, das war bisher immer gleich.
Nur weil viele Länder arm sind, sind die reichen Länder reich.

3. Wir sind Kinder einer Erde, doch es sind nicht alle frei.
Denn in vielen Ländern herrschen Militär und Polizei.

4. Viele sitzen im Gefängnis, Angst regiert von spät bis früh.
Wir sind Kinder einer Erde, aber tun wir was für sie?

Text: Volker Ludwig; Musik: Birger Heymann.

# Wahre Freundschaft kann nicht wanken

2. Keine Ader soll mir schlagen,
wo ich nicht an dich gedacht,
|: ich will Sorge für dich tragen
bis zur späten Mitternacht. :|

3. Wenn der Mühlstein trägt die Reben
und daraus fließt kühler Wein,
|: wenn der Tod mir nimmt das Leben,
hör ich auf getreu zu sein. :|

Text und Melodie aus Franken (18. Jh.)

## Es lebten viele Vögelein

2. Da kam man mit den Baggern an,
zerstörte alle Bäume,
in denen ihre Nester war'n
und unser aller Träume.

3. Wenn wir nicht endlich all was tun,
dann kommt die Zeit der Geier.
Und diese Vögel sind nicht gut,
sie legen böse Eier.

4. Die fressen uns mit Haut und Haar
für ihre Macht und Geld.
Und scheißen zu mit Stahlbeton
unser aller Welt.

Text und Musik: Klaus der Geiger.

## Ein Loch ist im Meiler

2. So stopf es, Ernst Ulrich, Ernst Ulrich, Ernst Ulrich!
So stopf es, Ernst Ulrich, Ernst Ulrich, mach's dicht!

3. Womit denn, Graf Harmsdorf, Graf Harmsdorf, Graf Harmsdorf?
Womit denn, Graf Harmsdorf, Graf Harmsdorf, womit?

4. Tu Schwamm drüber decken, Ernst Ulrich, Ernst Ulrich!
Tu Schwamm drüber decken, bis's keiner mehr merkt!

5. Es stinkt schon zum Himmel, Graf Harmsdorf, Graf Harmsdorf.
Es stinkt schon zum Himmel, es stinkt schon ganz stark.

6. Sag allen, Ernst Ulrich, Ernst Ulrich, Ernst Ulrich,
sag allen, Ernst Ulrich, es schadet ja nichts!

7. Es strahlt schon, Graf Harmsdorf, Graf Harmsdorf, Graf Harmsdorf.
Es strahlt schon, Graf Harmsdorf, es strahlt schon ins Land.

8. Verteil die Tabletten, Ernst Ulrich, Ernst Ulrich!
Das Jod wird euch retten, beeil dich, mach zu!

9. Das Loch, es wird größer, Graf Harmsdorf, Graf Harmsdorf.
Das Loch, es wird größer, was mache ich jetzt?

10. Dann suche den Schalter, Ernst Ulrich, Ernst Ulrich.
Dann suche den Schalter, Ernst Ulrich, schalt ab!

11. Wo ist denn der Schalter, Graf Harmsdorf, Graf Harmsdorf?
Wo ist denn der Schalter, ich finde ihn nicht!

12. So frag die Experten, Ernst Ulrich, Ernst Ulrich.
So frag die Experten, die wissen das schon.

13. Die Experten sind alle, Graf Harmsdorf, Graf Harmsdorf,
die Experten sind alle, sind alle schon fort.

14. Dann rasch in den Bunker, Ernst Ulrich, Ernst Ulrich.
Dann rasch in den Bunker, Ernst Ulrich, mach zu!

15. Ein Loch ist im Bunker, Graf Harmsdorf, Graf Harmsdorf.
Ein Loch ist im Bunker…

Je nach Aktualität können die Namen der Politiker ausgewechselt werden.

Text: Heribert Friese; Musik: mündlich überliefert.

## Kartoffellied

2. Die Stadt muß sauber sein.
Das sieht auch jeder ein.
Und wenn der letzte Fisch verreckt,.
weil Flüsse, Seen und Meer verdreckt:
Der Pfuhl kommt in den Rhein.

3. Der Mensch, der breit' sich aus.
Er lebt in Saus und Braus.
Was kreucht und fleucht in Feld und Wald
und brauchbar ist, wird abgeknallt.
Die Viecher sterben aus.

4. Fabriken machen Rauch.
Die Autos gasen auch.
Und erst 'ne große Flugmaschin'!
Am Himmel ziehn die Schwaden hin.
Auf Erden aber auch.

5. Wir fahren gerne fesch.
Ein Auto hat viel Blech.
Und wenn es nicht mehr fahren will,
so werfen wir es auf den Müll.
Das ist kein großes Pech.

6. Ein Pelz, der ist sehr schön.
Viel reiche Leute gehn
in Pelz von Tieren selt'ner Art:
von Seehund, Tiger, Leopard,
weil sie dann schön aussehn.

7. Ein Walfisch ist sehr lang.
Drum lohnt sich auch der Fang.
Und wenn sein Herz hat ausgepocht.
wird er zu Schmier und Tran verkocht.
Uns ist da gar nicht bang.

8. Das Meer ist groß und weit.
Es ist seit einiger Zeit
von Öl und Teer und Gift versaut.
Uns juckt deswegen nicht die Haut,
doch tut es uns sehr leid.

9. Wir leben gerne flott
und machen sehr viel Schrott,
denn 's fehlt uns nicht am nöt'gen Geld.
Wir kaufen uns die ganze Welt
mitsamt dem lieben Gott.

10. Der Mensch ist sehr gescheit.
Drum hat er mit der Zeit
die Erd' sich untertan gemacht
und es so herrlich weit gebracht,
so weit, so herrlich weit!

Text und Musik: Anni Becker.
Mit freundlicher Genehmigung der Autorin.

## Du schufst, Herr, unsre Erde gut

2. Deine Flüsse, Seen und Bäche haben wir verschmutzt –
Schöpfer, Gott, erbarme dich!
Haben nur geplant, gebaut, was unserm Wohlstand nutzt –
Schöpfer, Gott, erbarme dich!
Du schufst, Herr…

3. Deine Luft ist nun erfüllt mit Abgas, tonnenschwer -
Schöpfer, Gott, erbarme dich!
Und der Lärm, der uns umgibt, macht taub uns das Gehör -
Schöpfer, Gott, erbarme dich!
Du schufst, Herr...

4. Herr, anstatt zu traun auf deine starke Wunderkraft -
Schöpfer, Gott, erbarme dich!
Waren wir nur stolz auf alles, was wir selbst geschafft -
Schöpfer, Gott, erbarme dich!
Du schufst, Herr...

5. Weck uns alle endlich auf, beende unsern Wahn -
Schöpfer, Gott, erbarme dich!
Weil sonst nach uns keiner mehr auf Erden leben kann -
Schöpfer, Gott, erbarme dich!
Du schufst, Herr...

Text: Traugott Wettach 1976; Melodie: Spiritual.
Aus: „Anhang 77, Neue geistliche Lieder".

# Heute noch!

C G7 Am
1. Oft, wenn ich ans Fen-ster ge-he, nach-seh, ob noch
G F C
al - les steht, den Schu-ster drü - ben schu-stern se - he,
D7 G F
hör ich, wie die Welt sich dreht. Dann füllt sich mein
Em Dm A7
Kopf mit Was - ser wie aus ei - nem Quell so frisch,
Dm C G7
drinnen schwimmt ein gro-ßer nas - ser trunk-ner li - la
C E A E H7
Fisch. Und der guckt aus mei - nen Au - gen,
E A E H7 G7
fängt an, weil er nichts ver - mißt, sich voll Freu - de
C Am D7
voll - zu - sau - gen, weil die Welt noch nicht zer-

2. Wie an südlichen Gestaden
steh ich über Moabit,
kann im Strom der Menschen baden,
der an mir vorüberzieht;
noch habe ich Kopf und Kragen,
beide sind noch unverletzt,
kann noch meine Mütze tragen,
ausgebeult und abgewetzt;
drunter kann ich überlegen,
und mir bleibt noch eine Frist
zum Spazierengehn im Regen,
der bislang nur Wasser ist!

3. Draußen riecht es gut nach Erde,
nach Benzin, Asphalt und Staub,
drinnen duftet es vom Herde
nach Rosmarin und Lorbeerlaub;
noch ragt meine Nase frei und
unbewehrt in die Natur,
keine Gasmaske vor meinem Mund
stört mich bei der Rasur.
Kann noch trinken: Hoch die Tassen!
schnell geschluckt, drauf kommt es an!
Ich kann mich nicht darauf verlassen,
daß ich's morgen auch noch kann!

4. Kann noch schwarzen Tabak rauchen,
daß kein Krümel übrigbleibt!
Den könnt ich doch nicht mehr brauchen,
denn es raucht sich schlecht entleibt!
Laßt uns heut' Weihnachten feiern,
schnell! In dulci jubilo!

Mit Neujahrspunsch und Ostereiern,
mit Honig für den Bär im Zoo.
Mein Testament ist geschrieben,
und mir bleibt noch etwas Zeit,
vielleicht ein Tag nur, dich zu lieben,
vielleicht ist morgen „Ewigkeit"?

Leucht uns dann der Götterfunken,
Funken aus Plutonium!

Text und Melodie: Reinhard Mey.

## Der dumme Bub

Der dumme Bub hat ein Problem,
der dumme Bub ist schizophren.
Ihn hat seit heuer wie ein Feuer
die Paranoia, das wird teuer.
Was soll man machen mit dem Bub,
jetzt kriegt er täglich seinen Schub.
Wann des ned boid anders werd, dann muaß no was passiern.
Man hat ins Kind doch investiert, das muß sich doch rentiern.

Wir habns probiert mit kalten Güssen,
die hätten wirklich etwas helfen müssen.
Dann kam der Arzt - trarirara -
mit seinen Psychopharmaka.
Mein Gott, die Schande ist enorm,
der Bub ist wirklich deppert wordn.
Wann des ned boid anders werd, dann muaß no was passiern.
Man hat ins Kind doch investiert, da muß es doch pariern.

Und gestern schleppt er mit der Tram
a Zwanzig-Zentner-Bomben an.
Er sagt: „Ich sprenge das System!"
Jetzt sehn Sie's selbst, der Bub ist schizophren.
Damit er endlich mal pariert,
wird ihm das Hirn rausoperiert.
Des muaß jetzt endlich anders werdn, jetzt muaß moi was passiern.
Man kann doch in das dumme Kind ned dauernd investiern.

Sieh da, das war des Pudels Kern.
So ohne Hirn hat man ihn richtig gern.
Jetzt dreht er Däumchen, so a Freud!
Und ist ganz friedlich und bereut.
Der Doktor sagt: „Des werd scho werdn,
die meisten lebn ned lang und sterbn."
Irgendwann muß jeder mal den Grundsatz akzeptiern:
Wann ein Kind ned hören will, dann muß mas operiern!

*Konstantin Wecker*

Entnommen aus dem Band: Konstantin Wecker „Lieder und Gedichte", erschienen im Ehrenwirth Verlag, München, 1981.

## Das Lied vom Fernsehn

2. Was bringt uns denn das Fernsehn...
Seit vielen, vielen Jährchen
die alten lieben Märchen
von Räubern und Gendarmen,
von Reichen und von Armen.

3. Was bringt uns denn das Fernsehn...
von Guten und von Bösen.
Und alle Fälle lösen
gescheite Kommissare.
Das ist für uns das Wahre.

4. Was bringt uns denn das Fernsehn...
Man braucht nicht viel zu denken
und sich das Hirn verrenken.
Bei Krimis und Ganoven
kann man so schön verdoofen.

5. Was bringt uns denn das Fernsehn…
Zerstreute könn' nicht denken,
drum kann man sie schön lenken.
Wie Hampelmannfigürchen
so hampeln wir am Schnürchen.

6. Ein Hampelmann muß bammeln, ja bammeln, ja bammeln.
Gedanken soll man sammeln, ja sammeln,
damit wir immer wissen,
wie wir jetzt handeln müssen.
Mit Grips und nicht mit Geistern
läßt sich das Leben meistern.

Text und Musik: Anni Becker.
Mit freundlicher Genehmigung der Autorin

## He's got the whole world in his hands

2. He's got the tiny little baby in his hands
3. He's got the you and me brother in his hands
4. He's got the son and his father in his hands
5. He's got the mother and her daughter in his hands
6. He's got everybody here in his hands
7. He's got the sun and the moon in his hands
8. He's got the whole world in his hands.

Text und Melodie: Spiritual

## Frieden im Land

Das Land steht stolz im Feiertagsgewand.
Die Zollbeamten sind schön aufgeputzt.
Sogar die Penner haben Ausgang, und am Rand
sind ein paar Unverbesserliche noch verdutzt.
Die alten Ängste, pittoresk gepflanzt,
treiben sehr bunte neue Blüten.
Die Bullen beißen wieder, und der Landtag tanzt.
Endlich geschafft: Ein Volk von Phagozyten.
Jetzt ist es allen klar: Der Herr baut nie auf Sand.
Es herrscht wieder Frieden im Land.

Vereinzelt springen Terroristen über Wiesen.
Wie chic. Die Fotoapparate sind gezückt.
Die alten Bürgerseligkeiten sprießen,
die Rettung, Freunde, ist geglückt.
Die Schüler schleimen wieder um die Wette.
Die Denker lassen Drachen steigen.
Utopia onaniert im Seidenbette,
die Zeiten stinken, und die Dichter schweigen.
Wie schön, daß sich das Recht zum Rechten fand:
Es herrscht wieder Frieden im Land.

Ich will mich jetzt mit einem runden Weib begnügen,
drei Kinder zeugen, Eigenheime pflanzen und
die Menschheit einfach mal um mich betrügen.
Wohin denn leiden - schließ mir, Herr, den Mund.
Wirf mir die Augenbinden runter und den Stirnverband:
Es herrscht wieder Frieden im Land.

Konstantin Wecker.

Entnommen aus dem Band: Konstantin Wecker „Lieder und Gedichte", erschienen im Ehrenwirth Verlag, München 1981.

## Kleine Anleitung für die Rhythmusgitarre

Jeder Gitarrespieler beherrscht zumindest einige Grundrhythmen für die Begleitung von Liedern und Songs. Vielleicht ist ihm manchmal nicht bewußt, wie vielfältig er diese abwandeln und damit der Begleitung einen besonderen Drive geben kann. Deshalb seien hier ein paar Anregungen gegeben. Sie ersetzen nicht das aufmerksame Zuhören in Live-Konzerten oder beim Abspielen von Schallplatten der Gitarrenprofis. Diese kurze Anleitung soll dabei helfen, gehörte Rhythmen leichter zu begreifen und vielleicht sogar eigene, neue zu erfinden.

## Zuvor ein paar rhythmische Grundbegriffe

In unserer Notenschrift werden Musikstücke in „Takte", d. h. in Abschnitte gleicher Zeitlänge, eingeteilt; dadurch wird das musikalische Geschehen überschaubar. Ausgangspunkt für die Takteinteilung ist die sog. „ganze Note". Sie kann in Bruchwerte, d. h. in zwei Halbe, vier Viertel, acht Achtel, sechzehn Sechzehntel usw. unterteilt werden. Der Grundtakt, den eine ganze Note bzw. vier Viertel ausfüllen, wird Vierviertel-Takt genannt (oft einfach mit C bezeichnet). Es gibt auch andere Taktarten, die nicht von einer ganzen, sondern nur einer dreiviertel Note (Dreiviertel-Takt, z. B. beim Walzer) oder einer halben Note (Zweiviertel-Takt, z. B. beim schnellen „Bluegrass") ausgefüllt werden.

Die Notenwerte werden durch offene oder volle Kopfsymbole, sowie durch senkrechte Striche und anhängende Fähnchen, bzw. Querbalken gekennzeichnet. Ein Punkt hinter einem Kopfsymbol besagt, daß diese Note um ihren halben Wert verlängert wird, d. h. daß z. B. ein Viertel mit einem Punkt um ein Achtel (die Hälfte des Wertes) länger dauert, also über einen Taktwert von drei Achteln. Doch kann auch ein Viertel allein durch drei sog. Achtel ausgefüllt werden, wenn nämlich über den Achtelsymbolen die Ziffer 3 vorgeschrieben ist. Diese Triolenachtel haben nicht den vollen Wert von normalen Achtelnoten, sondern einen kürzeren; es müssen drei gleichlange Notenbruchteile während der Dauer eines Viertels untergebracht werden. (Das ist sehr wichtig für den „Triolenbeat“, einen Schlagrhythmus, der im Blues, im Boogie-Woogie und in verschiedenen Rockarten vorkommt.) Den Notenzeichen entsprechen Pausenzeichen:

*Notenwerte* — *Notenzeichen* — *Pausenzeichen*

Ganze Note

Halbe Note

Viertelnote

Achtelnote

Sechzehntelnote

Achtel-Triole

punktierte Halbe

punktierte Viertel

punktierte Achtel

*Taktarten*

Viervierteltakt (C)

Alla breve ₵
schneller Vierviertelakt

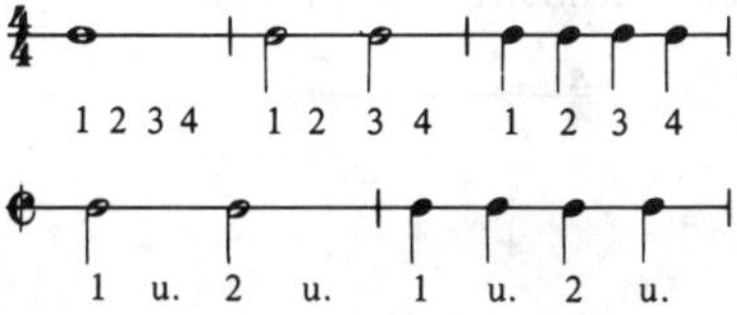

Dreivierteltakt

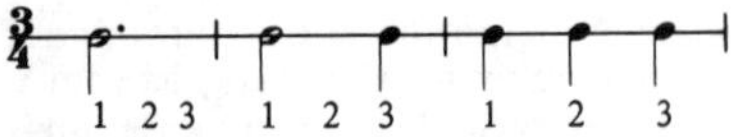


Zweivierteltakt

Sechsachteltakt

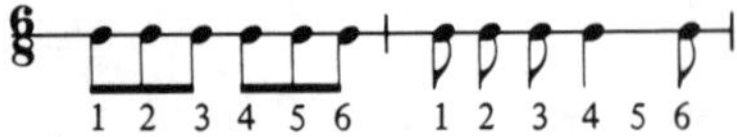


## Ab und auf im richtigen „Feeling“

Beim Rhythmusspiel bewegt sich die rechte Hand - locker aus dem Handgelenk - gleichmäßig ab- und aufwärts. Der Abwärtsschlag geht von den tiefen zu den höheren Saiten, der Aufwärtsschlag in umgekehrter Richtung. *Abwärtsschläge* werden durch ⊓ und *Aufwärtsschläge* mit V gekennzeichnet. Es ist natürlich nicht möglich, nur Abwärtsbewegungen auszuführen; die Hand muß auf jeden Fall wieder aufwärts geführt werden, auch wenn sie dabei die Saiten nicht berühren darf.

Unerläßlich für gutes Rhythmusspiel ist das Zählen. Man kann es still in Gedanken für sich tun oder, wie Jazz- und Rockprofis, durch (stilles) Aufschlagen mit der Fußspitze oder der Ferse. Die Viertel werden *ein, zwei, drei usw*. gezählt, die dazwischen liegenden Achtel mit *und* ergänzt; also ist beim Achtelrhythmus *eins und zwei und drei und ect.* zu zählen. Jede Zahl sowie das dazwischen gezählte *und* haben *gleiche* Dauer.

Im folgenden Beispiel sind nur Viertel abwärts zu schlagen. Dazwischen wird die Hand, ohne die Saiten zu berühren, wieder nach oben geführt. Wichtig ist die *gleichmäßige* Bewegung!

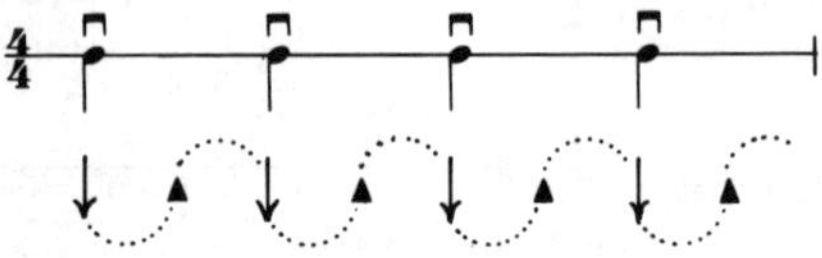

Bei einem regelmäßigen Achtelrhythmus schlägt die Hand ab- und aufwärts die Saiten an:

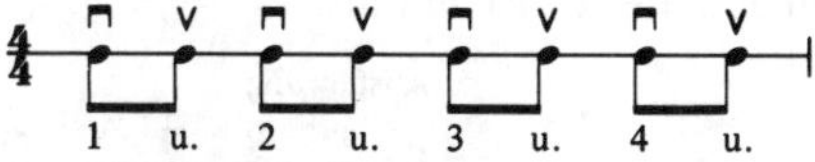


Wenn die Achtelkette unterbrochen ist, sind dazwischen *Luftschläge* erforderlich [(⊓), (V)]:

Notierung:

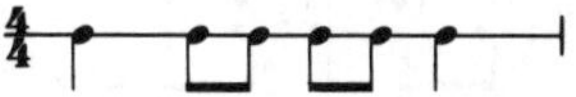

Ausführung:

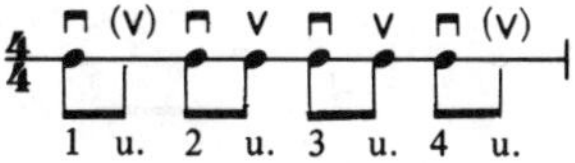


Angebundene Noten werden nicht angeschlagen, aber alle Achtel werden „gefühlt". Diese Spielweise mit einer regelmäßigen Auf- und Abwärtsbewegung nennt man **Achtelfeeling**, gleichgültig ob bei allen Achteln die Saiten anzuschlagen sind oder nicht.

Notierung:

Ausführung:

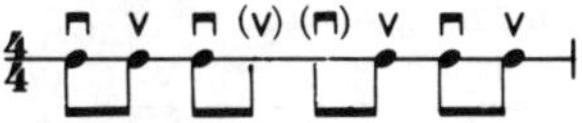

Bei bestimmten Rhythmen sind Sechzehntel zu spielen, bzw. zu „fühlen". Bei diesem **Sechzehntelfeeling** kann man z.B. *einer und die zweier und die dreier usw.* zählen:

Das gilt auch dann, wenn nicht alle Sechzehntel geschlagen werden; aber das „Gefühl" dafür muß vorhanden sein, sowohl beim Zählen wie auch bei der Ab- und Aufwärtsbewegung der rechten Hand:

Notierung:

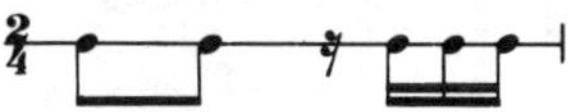

Ausführung:

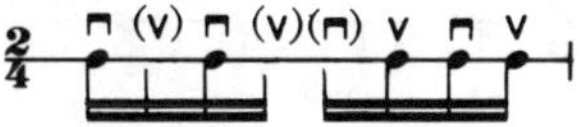

Sehr wichtig ist das **Triolenfeeling** im swingenden Beat. Es wird oft verkürzt notiert, also nicht unbedingt in Achteltriolen, sondern in einem punktierten Rhythmus:

Notierung: Ausführung:

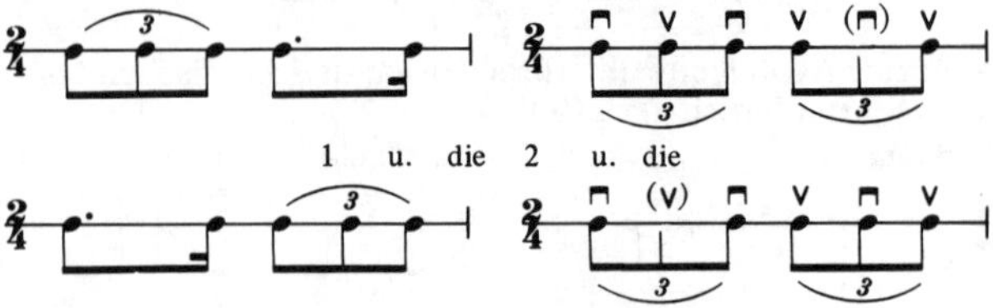


Typisch für den Blues ist dieser Rhythmus:

Notierung:

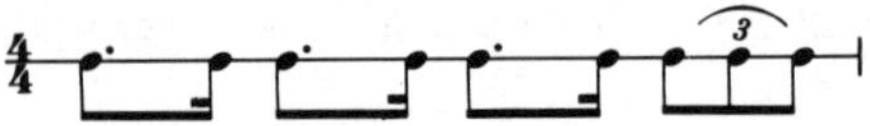

Ausführung:

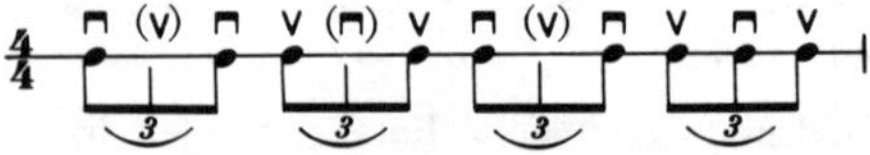

Die Zählzeiten im Takt werden unterschiedlich betont. Normalerweise wiegt die „eins“ am schwersten. Im 4/4 Takt ist der nächstschwere Taktteil die „drei“; zwei und vier sind die am leichtesten zu betonenden Zählzeiten und natürlich vor allem die dazwischen liegenden Achtel- und Sechzehntelnoten. Es können aber auch die sog. leichteren Taktteile gegenüber den schwereren betont sein; dann sprechen wir von „Synkopen“. Sie werden durch > über oder unter der Note angedeutet.

Normale Betonung

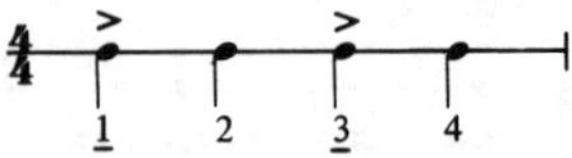


Synkope

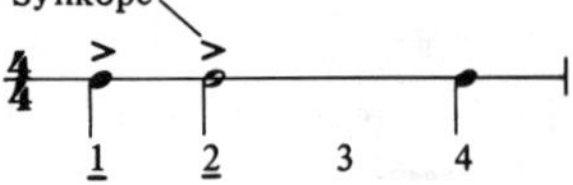

Synkopen entstehen immer dann, wenn ein leichterer Taktteilwert an einen schwereren angebunden ist, also nur der leichtere und nicht der schwerere geschlagen wird:

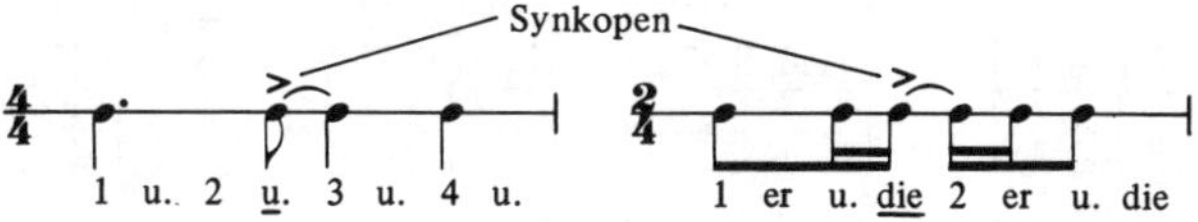


Solche Synkopen dürfen nicht mit dem „Off-Beat" verwechselt werden. Der Off-Beat (= weg vom Schlag) ist charakteristisch für die afroamerikanische Folklore und v. a. den Jazz: Gegen den Grundschlag (Beat) werden völlig freie Akzente gesetzt – vorher oder nachher –, die nicht durch unsere Notenschrift zu fixieren sind. (Es entsteht dabei nicht eine horizontale Akzentuierung wie bei der Synkope, sondern durch die Überlagerung von Beat und Off-Beat gewissermaßen eine neue, vertikale Qualität mit ekstatisch-emotionaler Wirkung.)

Zu erwähnen sind noch die *abgedämpften Schläge,* die für manche Rock- und Funkstile wichtig sind: Während des Saitenschlags oder kurz danach wird mit der Kante der rechten Hand ein zusätzlicher Schlag auf die Saiten ausgeführt, der nur ein hohles „dubb" ertönen läßt. Oder man lockert sofort nach dem Rhythmusschlag den Griff der linken Hand, ohne ihn ganz aufzugeben. Auch dann ertönt das typische „dubb". Dabei sollte allerdings ein voller Barrégriff angewandt werden, damit nicht eventuell „leere" Saiten nachschwingen. Der Wechsel zwischen voll tönenden und gedämpften Akkorden, zwischen „dschumm" und „dubb", ist sehr wirkungsvoll. Gedämpfte Schläge werden hier mit einer Kreuznote angegeben, z. B.

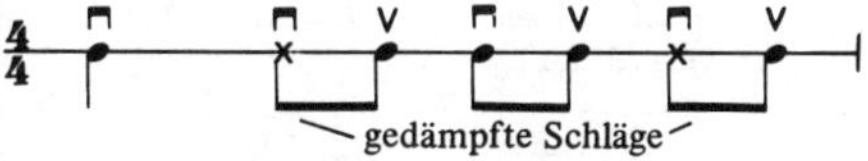

# Grifftabelle für Gitarre

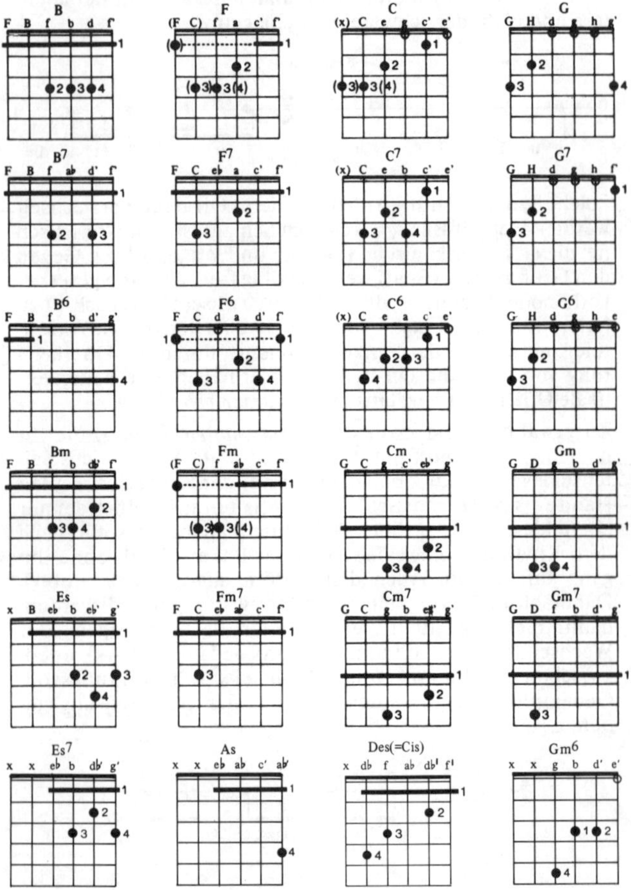

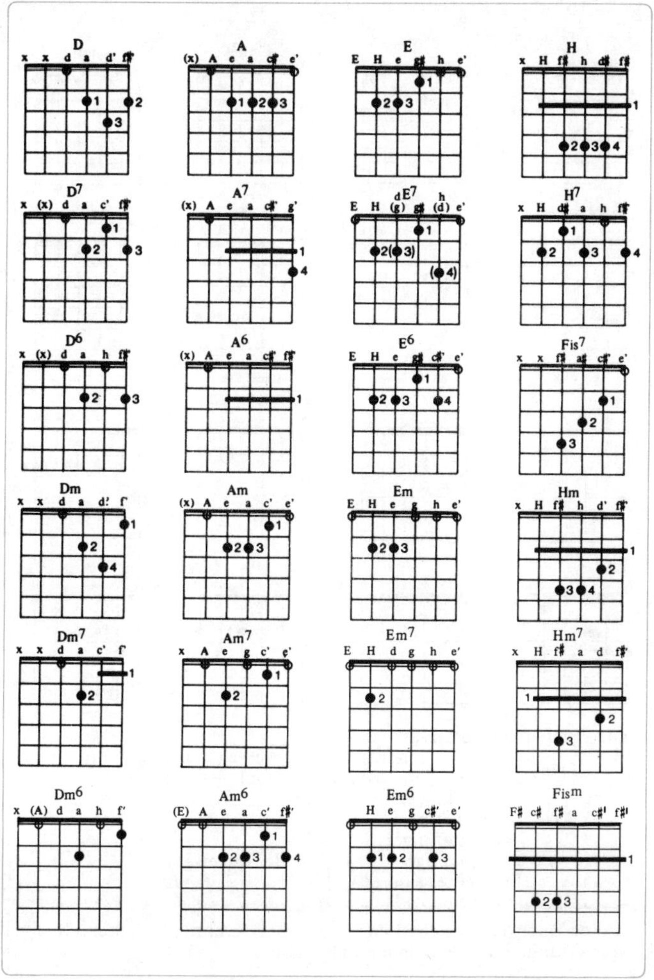
D
x x d a d' f#
A
(x) A e a c#' e'
E
E H e g# h e'
H
x H f# h d# f#
D7
x (x) d a c' f#
A7
(x) A e a c#' g'
dE7 h
E H (g) g# (d) e'
H7
x H d# a h f#
D6
x (x) d a h f#
A6
(x) A e a c#' f#
E6
E H e g# c#' e'
Fis7
x x f# a# c#' e'
Dm
x x d a d' f'
Am
(x) A e a c' e'
Em
E H e g h e'
Hm
x H f# h d' f#
Dm7
x x d a c' f'
Am7
x A e g c' e'
Em7
E H d g h e'
Hm7
x H f# a d f#
Dm6
x (A) d a h f'
Am6
(E) A e a c' f#'
Em6
H e g c#' e'
Fism
F# c# f# a c#' f#'

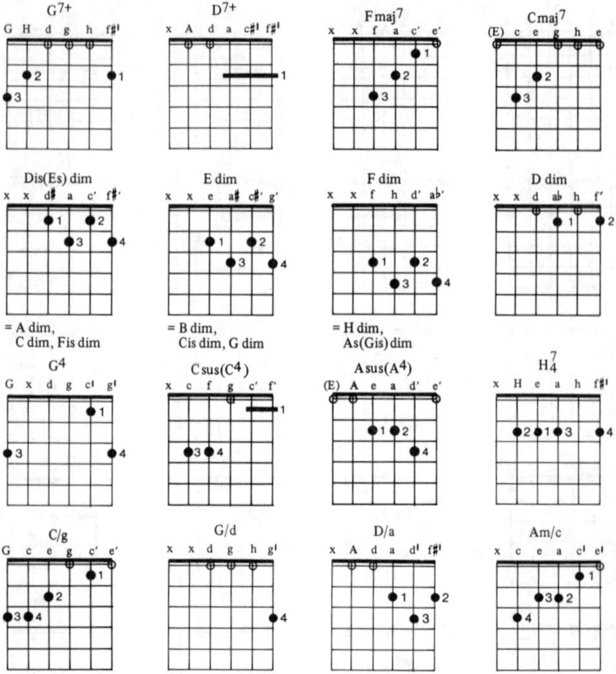


Die Zeichen bedeuten:

x = Diese Saite wird nicht geschlagen oder gezupft
0 = Diese Saite wird leer (d. h. ohne Griff) geschlagen oder gezupft
1 = Zeigefinger
2 = Mittelfinger
3 = Ringfinger
4 = kleiner Finger
▬▬ = Barré-Griff

(1–4 und Barré-Griff:) der linken Hand

Kleine Buchstaben neben der Akkordbezeichnung bedeuten einen vom Grundton abweichenden Baßton.

## Alphabetisches Verzeichnis der Lieder nach Titeln und Anfängen


| | |
|---|---|
| Alle Mütter dieser Erde | 42 |
| Allons, enfants de la patrie | 102 |
| Am 12. Juli des Jahres 2003 | 30 |
| An die Herrscher der Erde | 8 |
| Andreas-Hofer-Lied | 118 |
| Auf und nieder geht die Sonne | 124 |
| Bei einer Pfeif' Tabak | 86 |
| Bella ciao | 106 |
| Bergen op Zoom | 100 |
| Bet' und arbeit'! ruft die Welt | 132 |
| Bombe weg! | 18 |
| Brot und Frieden | 72 |
| Brüder, zur Sonne, zur Freiheit | 89 |
| Bundeslied | 132 |
| Bürgerlied | 92 |
| Come you masters of war | 14 |
| Das Blutgericht | 138 |
| Das Heckerlied | 116 |
| Das Land steht stolz im Feiertagsgewand | 175 |
| Das letzte Kapitel | 30 |
| Das Lied vom Fernsehen | 172 |
| Das war 'ne heiße Märzenzeit | 96 |
| Das weiche Wasser | 10 |
| Dein Friede kommt nicht durch Gewalt | 48 |
| Der alte Krieg | 16 |
| Der Condor hackt der Sonne Augen aus | 108 |
| Der dumme Bub | 171 |
| Der Geuse steht auf | 98 |
| Der Mensch soll nicht stolz sein | 82 |

| | |
|---|---|
| Des Morgens in der vierten Stunde | 114 |
| Desde el hondo crisol de la patria | 120 |
| Deutschland auf weichem Pfühle | 87 |
| Deutschland! Was im März errungen | 94 |
| Dicht bei Hamburg liegt ein Lager | 125 |
| Die alten, kalten Herrn des Wilden Westens | 12 |
| Die bange Nacht | 76 |
| Die Gedanken sind frei | 128 |
| Die hab' ich satt | 152 |
| Die Herren Generale | 122 |
| Die Hungersnot | 74 |
| Die Internationale | 134 |
| Die kalten Frauen | 152 |
| Die schlesischen Weber | 142 |
| Die Waffen sind verschrottet | 31 |
| Die Welt, die ist jetzt eingericht' | 138 |
| Dona nobis pacem | 41 |
| Down by the riverside | 34 |
| Du, laß dich nicht verhärten | 110 |
| Du schufst, Herr, unsre Erde gut | 166 |
| Ein Loch ist im Meiler | 162 |
| Ein neues Stücklein mit alter Weise | 154 |
| El Condor pasa | 108 |
| Entrüstung | 12 |
| Ermutigung | 110 |
| Erwachtes Bewußtsein | 86 |
| Es geht ein' dunkle Wolk' herein | 155 |
| Es ist ein Schnitter | 146 |
| Es kam ein Friede in die Welt | 44 |
| Es klingt ein Name stolz und prächtig | 116 |
| Es lebten viele Vögelein | 161 |
| Euer Kampf, Nicola und Bart | 113 |
| Europa hatte zweimal Krieg | 10 |

| | |
|---|---|
| Ev'rybody loves Saturday night | 123 |
| **F**olgt nicht der Trommel Ton | 54 |
| Frieden | 24 |
| Frieden im Land | 175 |
| Friedenskanon | 42 |
| Friedenslied | 48 |
| **G**egen 19 Uhr warten wir immer auf den Krieg | 80 |
| Geh mit uns | 26 |
| Gib uns Frieden jeden Tag | 46 |
| Give peace a chance | 28 |
| **H**alt, bleib' steh'n, geh nicht an uns vorbei! | 26 |
| He's five foot two | 68 |
| He's got the whole world in his hands | 174 |
| Herr Michel und der Vogel Strauß | 154 |
| Heute noch! | 168 |
| Hevenu shalom alejchem | 50 |
| Hörst du nicht H-Bombendonner? | 18 |
| How did you feel? | 40 |
| Hütet euch vor Liberalen | 151 |
| **I**'m goin' to lay down my heavy load | 34 |
| Ich bin ein guter Untertan | 148 |
| Ich bin Soldat | 60 |
| Ich sah heute nacht im Traum vor mir | 33 |
| Im düstern Auge keine Träne | 142 |
| Im Krug zum grünen Kranze | 90 |
| It's a long way to Tipperary | 78 |
| **J**a, verzeihlich ist der Großen Übermut und Tyrannei | 150 |
| John Brown | 35 |
| **K**artoffellied | 164 |
| Kein schöner Land in dieser Zeit | 156 |
| Kriegsvoyeure | 80 |
| **L**a Marseillaise | 102 |

| | |
|---|---|
| Last night I had the strangest dream | 32 |
| Lied aus dem Lager Neuengamme | 125 |
| Lied der Gefangenen | 124 |
| Lustig ist Soldatenleben | 70 |
| Lustig zu humanen Zwecken | 70 |
| **M**amita mia | 122 |
| Masters of war | 14 |
| Mit der Spielzeughandgranate | 79 |
| Mit jammervollen Blicken | 54 |
| **N**achtwächters Stilleben | 88 |
| Ned nur i hab so a Angst | 24 |
| Nie, nie woll'n wir Waffen tragen | 25 |
| **O** König von Preußen | 56 |
| Ob wir rote, gelbe Kragen oder Hüte tragen | 92 |
| Oft, wenn ich ans Fenster gehe | 168 |
| Oh tell me, how did you feel | 40 |
| Oh, Freedom | 36 |
| Ostermarsch | 22 |
| **R**eveille (Frischauf zur Weise von Marseille) | 103 |
| Robert-Blum-Lied | 114 |
| **S**acco und Vanzetti | 113 |
| Sag mir, wo die Blumen sind | 64 |
| Sehet euch um! | 112 |
| Seht, wie mit Stärk' er ans Werk sich gestellt | 100 |
| Shalom chaverim | 50 |
| Soldat bin ich's gewesen | 58 |
| Soldat, Soldat | 69 |
| Soldatenlied | 83 |
| Solidaritätslied | 136 |
| Stand up and rejoice! | 158 |
| **T**ake this Hammer | 143 |
| The universal soldier | 68 |
| Trotz alledem | 96 |

Tückisch und mitleidlos die Feinde uns plagen 98
Two one two three four 28
Üb immer Treu und Redlichkeit 144
Una mattina mi sono alzato 106
Und der Krieg ist alt und entbehrlich 16
Unser Leben gleicht der Reise 84
Unser Marsch ist eine gute Sache 22
Venceremos 120
Verleih uns Frieden gnädiglich 42
Verzeihlich? 150
Vorwärts und nicht vergessen 136
Wacht auf, Verdammte dieser Erde 134
Wacht ojf (Wacht auf) 91
Wahre Freundschaft kann nicht wanken 160
Wann ist denn endlich Frieden? 20
Wann wir schreiten Seit' an Seit' 131
Was bringt uns denn das Fernsehn 172
Was nennen wir uns Christen 43
We shall not be moved 37
We shall overcome 47
Wehrt euch 130
Weib, gib mir Deckel, Spieß und Mantel 88
Wem klag ich armer Bauer mein Not 140
Wer jetzig Zeiten leben will 126
Where have all the flowers gone? 64
Wi lang, o wi lang wet ir blajbn 91
Wiegenlied 87
Wir haben im Felde gestanden 74
Wir kämpfen nicht für Vaterland 75
Wir lernten in der Schlacht zu stehn 83
Wir lieben die Natur 164
Wir sind des Geyers schwarzer Haufen 104
Wir sind Kinder einer Erde 158

Wir träumen einen Traum 157
Wir zogen in das Feld 59
Wo soll ich mich hinwenden? 52
Wohl denen, die da streiten 38
Wozu brauchen wir Soldaten? 62
**Z**ogen einst fünf wilde Schwäne 67
Zu Mantua in Banden 118
Zu Straßburg auf der Schanz 66